Nikolaus Kirstein

99 Tipps
Lehrergesundheit erhalten

Nikolaus Kirstein   Diplompädagoge, unterrichtet Wirtschaftsinformatik, Office Management und Persönlichkeitsbildung an einer Wiener Handelsakademie und Handelsschule, Preisträger des Lörnie-Award 2008 des österreichischen Bildungsministeriums

Nikolaus Kirstein

99 Tipps
Lehrergesundheit erhalten

Die in diesem Werk angegebenen Internetadressen haben wir überprüft (Redaktions-
schluss April 2011). Dennoch können wir nicht ausschließen, dass unter einer solchen
Adresse inzwischen ein ganz anderer Inhalt angeboten wird.

www.cornelsen.de

Bibliografische Information: Die Deutsche Bibliothek verzeichnet diese Publikation in
der Deutschen Nationalbibliografie; detaillierte bibliografische Daten sind im Internet
über http://www.dnb.de abrufbar.

2. Auflage 2012
© 2011 Cornelsen Verlag Scriptor GmbH & Co. KG, Berlin
Konzeption/Projektleitung: Dorothee Weylandt, Berlin
Redaktion: Barbara Holzwarth, München
Herstellung: Brigitte Bredow / Regina Meiser, Berlin
Die Reihenkonzeption wurde von Cornelia Colditz und Claudia Kahlenberg im
Rahmen eines studentischen Wettbewerbs im Studiengang Verlagsherstellung an der
HTWK Leipzig (www.verlagsherstellung.de) unter Leitung von Julia Walch, Bad Soden,
entwickelt.
Satz/Layout: Julia Walch, Bad Soden
Illustrationen: Mone Schliephack, Niedernhausen-Oberjosbach
Umschlaggestaltung: Magdalene Krumbeck, Wuppertal
Druck und Bindearbeiten: CPI – Clausen & Bosse, Leck
Printed in Germany
ISBN 978-3-589-23297-0

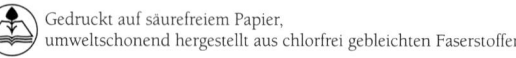 Gedruckt auf säurefreiem Papier,
umweltschonend hergestellt aus chlorfrei gebleichten Faserstoffen.

ZU STUNDENBEGINN SAMMELN

DIE VORBEREITUNG:
VON EINER BELASTUNG ZUR VORFREUDE

Anerkennung für Ihre Notengebung erwerben

In der Arbeitszeit auftanken

Bürokratie reduzieren

Mensch, ärgere dich weniger

Nach den ersten Unterrichtsjahren voller Elan spürte ich mehr und mehr die Belastungen des Schulalltags. Sie kennen die Symptome nur zu gut: mit letzter Reserve den Freitag überstehen, erschöpfter Schlaf am Wochenende und Kranksein bei Ferienbeginn. Ist der Raubbau an den eigenen Energien Voraussetzung für eine gute Arbeit als Lehrer?

Sehr zu denken geben diesbezüglich die einhelligen Ergebnisse vieler Studien zur Arbeitsbelastung von Lehrern: Ein Großteil scheidet früher aus dem Beruf aus als geplant. Wird mir das auch passieren? Nicht zuletzt zeichnet die große Potsdamer Studie (Schaarschmidt, 2004) ein düsteres Bild von unserem Beruf. Die Liste der Belastungen ist lang: Klassenwechsel im Stundentakt, Raumnot, körperfeindlicher Stundenplan, ungeklärte Konflikte, vereinzelnde Arbeitsorganisation, ministerieller Reformeifer, Bürokratie, Mangel an Anerkennung usw.

Auf der Suche nach Hilfe las ich viele Bücher über Schule und Unterricht, doch war ich mit ihrem Grundton sehr unzufrieden. Die eine Sorte entwirft neue pädagogische Welten und verlangt dabei von mir als Lehrer unendlich viel. Dagegen jammert die andere Sorte, wie belastend und schwierig der Lehrberuf bzw. wie vertrackt die Umstände in den Schulen doch seien. Beide Sorten von Büchern verfehlen meine Situation: Ich liebe diesen Beruf, ich unterrichte gern und will darin besser werden, aber ich will nicht ausgebrannt in Frühpension gehen müssen.

Das Buch „99 Tipps – Lehrergesundheit erhalten" stellt daher ausschließlich das Wohlbefinden des Lehrers am Arbeitsplatz in den Mittelpunkt. Im Zuge meiner Recherchen und Erprobungen kristallisierte sich heraus, dass es für jede Belastung im Schulalltag Entlastungsstrategien gibt, mithilfe derer auf wunderbare Weise der Unterricht besser gelingt und die Schüler effektiver lernen.

Viele Tipps in diesem Band beruhen auf Anregungen, die in ihrer ursprünglichen Form den Lehrern immens viel Engagement abverlangen. Nachdem ich den idealistischen Teil subtrahiert hatte, blieben Methoden über, die umsetzbar sind und meine Arbeit in der Regelschule erfreulicher machen. Sie finden diese in den Tipps, die sich um die Vorbereitungsarbeit und die Notengebung drehen.

Zu einem gesunden und seelisch ausgeglichenen Lehrerleben gehört auch viel Nachdenken über sich selbst. Deshalb widme ich einen Abschnitt in diesem Buch den eigenen Grundeinstellungen. Der Weg zum beruflichen Glück ist individuell. Ich bin sicher, Sie werden anhand der Tipps neue Denkanstöße für Ihren persönlichen Weg erhalten.

Ebenso wichtig ist für jeden Lehrer das Eingeständnis, dass es im Schulalltag schwierige bis unlösbare Probleme gibt. Die Tipps im Abschnitt „Mensch, ärgere dich weniger" wollen zu ihrer Milderung beitragen. Leider wird im Allgemeinen die Tatsache tabuisiert, dass manche Klassen mit manchen Lehrern schlichtweg keine produktive Ebene erreichen können. Auch stellen wir zuweilen fest, dass einzelne Schüler und Eltern keinen Weg zu einem konstruktiven Miteinander finden. Man darf sich nicht vormachen, dass es für Lehrer Methoden gäbe, aus solchen kraftraubenden strukturellen Problemen stärkende „Begegnungen" zu machen. Meine Tipps sollen vielmehr dabei helfen, nur den wirklich notwendigen Teil dieser Schwierigkeiten auf sich zu nehmen.

In vielen Fällen trägt die mangelnde soziale Anerkennung unseres Berufs maßgeblich zu Burn-out-Erkrankungen bei. Mein Vorschlag ist, den sogenannten Lehrerbashern die Stirn zu bieten. Diese treten mit dem festen Vorsatz an, unsere Arbeit schlechtzumachen, deshalb helfen auch keine Erklärungen oder Rechtfertigungen. Im Abschnitt „Das Berufsimage aufpolieren" finden Sie Anregungen für schlagfertige Antworten auf vorurteilsbeladene Angriffe. Lernen Sie, unverkrampft darauf zu reagieren.

In der Bildungspolitik wird der Zustand der Schulen durch die schlechten PISA-Ergebnisse problematisiert. Immer mehr gewinnt die Meinung an Gewicht, dass sich der Erfolg von Schule am Können der Schüler misst. So werden Lehrpläne kompetenzorientiert formuliert und Prüfungen standardisiert. Die für das Schulleben wichtigeren Fragen bleiben unberührt: Was ist guter Unterricht? Wie gelingt Unterricht Tag für Tag? Diese Fragen sind für uns Lehrer von zentraler Bedeutung. Ich plädiere für den komplexen Ansatz eines Kriterien-Mix', wie er z. B. von Hilbert Meyer (2004) vertreten wird. Mit einem Wort: Unsere Unterrichtsarbeit ist mehrschichtig und kann nicht auf einer Punkteskala abgebildet werden, wie dies PISA, PIRLS usw. oft suggerieren.

Es ist mir wichtig, dass meine Schüler viel lernen, dass der Output stimmt. Doch interessanterweise verhält es sich mit den Tipps in diesem Buch wie mit der Fotosynthese: Die Pflanzen wachsen besser, wenn sie mehr Zucker produzieren können. Dabei entsteht bekanntlich das Abfallprodukt Sauerstoff, den u. a. wir Menschen dringend brauchen. Das Abfallprodukt der belastungsreduzierenden Tipps in diesem Buch sind gute Stunden, von denen die Schüler profitieren. Nach aller Recherche bin ich überzeugt, dass nur die Ausübung unseres Berufs auf eine gesundheitserhaltende Weise das Lernen und Erwachsenwerden der Schüler optimal fördert.

Ich wünsche Ihnen mit der Lektüre dieses Ratgebers noch mehr gelungene Unterrichtsstunden!
Nikolaus Kirstein

PS: Aus Gründen der besseren Lesbarkeit wird in diesem Buch durchgehend die männliche grammatische Form verwendet. Natürlich sind damit auch immer Frauen und Mädchen gemeint, also Lehrerinnen, Schülerinnen usw.

Oft strengen wir uns an, setzen uns im Unterricht ein, ohne sofort Erfolg zu ernten. Sie sagen sich vielleicht, dass es eine Tugend sei durchzuhalten und dass sich der Erfolg schon einstellen werde. Doch während man auf der Lauer nach solch einem seltenen Moment liegt, sollte einem nicht ein spitzer Stein in die Brust drücken. Räumen Sie den Stein weg oder legen Sie sich anders hin. Sie genießen dann den ersehnten Augenblick viel mehr. Und Sie werden sich gern wieder auf die Lauer legen. Und wieder. Und wieder.

Im Laufe einer Unterrichtswoche sollten Sie die meisten Stunden emotional ausgeglichen verlassen. Stunden, in denen Sie mit den Schülern alles regeln konnten und keine Konflikte mit nach Hause genommen werden, sind wichtige Bausteine für ein zufriedenes Lehrerleben. Solche Stunden sind von dem Willen geprägt, sich über die Zusammenarbeit zu verständigen und die Freude auf das nächste Mal hochzuhalten (Tipp 10). Dabei ist es nicht so wichtig, ob das auch immer gelingt. Manche Klassen müssen beispielsweise monatelang zu aktiver Mitarbeit gedrängt werden. Oft ist es in einem solchen Prozess Erfolg versprechend, eine Brücke zu bauen, anstatt einen Graben aufzureißen: Informieren Sie die Schüler darüber, was für Sie eine gute Stunde ausmacht – und wünschen Sie ihnen und sich solche gute Stunden.

Keine Konflikte mit nach Hause nehmen

Tipp 10

Um die Ecke gedacht

Für Kinder und Jugendliche ist eine gute Beziehung zu den wichtigen Personen in ihrem Umfeld von großer Bedeutung. Sie gehen zudem davon aus, dass sie jede Beziehung zum Guten wenden können. Die Ehe ihrer Eltern wollen sie genauso retten wie ihre Lehrer zufriedenstellen. Doch die Klasse kann nur dann zu einer guten Stunde beitragen, wenn Sie ihr Ihre Gedanken und Gefühle eröffnen. Deshalb ist es wichtig, dass Sie den Schülern oft mitteilen, was Sie erwarten und welche Gefühle das gerade gezeigte Verhalten bei Ihnen auslöst.

Gleich mal ausprobieren

Teilen Sie der Klasse zehn Minuten vor Stundenende mit, was Sie über den Verlauf der Stunde denken:

Zeigen Sie Ihre Zufriedenheit.

Machen Sie bei Unzufriedenheit einen Vorschlag, wie die Klasse die Stunde noch retten kann.

Gleichzeitig ist es wichtig, dass sich auch die Schüler zur Stunde äußern und ihre persönliche Einschätzung abgeben. Wenn Sie diesen Äußerungen Gehör schenken, schaffen Sie die Basis dafür, dass alle ihren Ärger und ihre Freude in der Stunde selbst einbringen und dort lassen. Dann kann jeder die Pause genießen, sich kurz erholen oder einfach leichten Herzens nach Hause gehen.

2 ERFOLGSFRESSER ELIMINIEREN

Erfolg kann für jeden etwas anderes bedeuten: vom Tellerwäscher zum Millionär. Viel Einkommen an der Steuer vorbeischmuggeln. Einmal auf dem Mont Blanc stehen. Mit Promis per Du sein. Die innere Ruhe finden.

Und in Ihrem Lehrerleben? Welchen Erfolg streben Sie an? Haben Sie konkrete Erfolgsziele für Ihre Schullaufbahn? Sehen Sie sich insgesamt als erfolgreich?

Erfolg kommt nicht von ungefähr. Die Basis sind Anstrengungen und Einsatz über viele Jahre hinweg – von der Lehramtsprüfung, über die ersten Unterrichtsjahre bis heute. Auf diese Erfolge können Sie stolz sein. Und entgegen der gesellschaftlichen Vorurteile, die dem Lehrerberuf häufig entgegengebracht werden: Alle Ferien, die Sie genießen, sind wohlverdient. Jeder Euro Ihres Einkommens ist es sowieso. Wichtig ist, dass Sie weiterhin Erfolg im Beruf suchen und haben (Tipp 40)!

❯ Tipp 40
Erfolgreiche Stunden
als Ressourcen für
weitere Erfolge

Die Basis für Ihren Erfolg ist ein erfolgreicher Schulalltag. Viele gute Stunden unter angemessener Anstrengung bilden die Pflastersteine einer tragfähigen Straße, die Sie zu weiteren Gipfeln führen kann – ob dies eine Funktion im Kollegium ist, eine Erweiterung der Lehrberechtigung oder der Aufbau einer allseits geschätzten Arbeitsgruppe. Für solche besonderen Erfolge aber brauchen Sie Ressourcen, die nur allzu leicht vom Alltag aufgezehrt werden (Tipp 32). Zu schnell geht der Glanz vieler Ihrer Einzelerfolge im Schulalltag wieder verloren. Viel zu oft trüben die Mühen den Blick für die vielen täglichen Erfolge. Die Schulwoche erscheint dann als graue Schlucht, durch die man möglichst rasch hindurchmuss. Eliminieren Sie Erfolgsfresser, damit Sie sich länger über Ihre Erfolge freuen können.

❭ Tipp 32

Gleich mal ausprobieren

Was lässt mich meine Erfolge zu schnell vergessen?

Stunden, aus denen ich verärgert hinausgehe (Tipp 80), ❭ Tipp 80

Anstrengungen für die Verwaltung (Tipp 72), ❭ Tipp 72

auspowernde Unterrichtstage (Tipp 68), ❭ Tipp 68

Tage, an denen ich nichts Neues erfahre.

Bekämpfen Sie den schlimmsten Erfolgsfresser ab heute!

MIT JUMP 'N' RUN ZUM ERFOLG

3

Ein erfüllender Beruf zeichnet sich auch dadurch aus, dass zielstrebiger Einsatz in aller Regel zum Erfolg führt. Immer wieder werden in den Medien besondere Erfolge von Lehrern vorgestellt, die beispielsweise einen Preis dafür verliehen bekommen o. Ä. Doch lassen die Berichterstattungen meist im Dunkeln, welcher zeitliche Aufwand und welche persönlichen Opfer hinter dem Erfolg stecken. Kollegen, die sich für ein Projekt verausgaben, sind kein gutes Vorbild. Solche aber, die aus der Anstrengung gestärkt hervorgehen, können sehr wohl Ansporn sein, selbst auch einmal Besonderes zu leisten.

Das Geheimnis eines Erfolgs, der nicht im Burn-out endet, besteht in der Kunst, durch kurze Umwege lange Durststrecken zu vermeiden. Im Rückblick zeigt sich meist, dass dem

Durch kurze Umwege lange Durststrecken vermeiden

großen Erfolg (der Auszeichnung durch die Kultusministerin, der Eröffnung des neuen Lernraums, der Genehmigung eines Schulversuchs usw.) schon viele kleine, stärkende und bestätigende Erfolgserlebnisse vorausgegangen sind.

Um die Ecke gedacht

Als anschauliches Beispiel dient der Spieleklassiker „Super Mario Bros.". Um seine geliebte Prinzessin Peach zu befreien, muss Mario viele Welten durchqueren. Auf diesem Weg liegen nicht nur zahlreiche Hindernisse, sondern auch viele Erfolge: kleine und große Münzen, Blumen und Pilze gibt es zu holen. Sie verleihen Super Mario jeweils besondere Eigenschaften, machen ihn groß, sodass er doppelt so hoch springen kann, oder besonders klein, sodass er durch enge Gänge gehen kann.

Gute Spieler konzentrieren sich nicht nur auf den Weg zum Ziel, sie gehen gern einmal einen Umweg, um ein paar solcher Goodies zu holen. Sie verzichten also auf die Weg-Zeit-Effizienz und üben sich in Kapriolen und spannenden Sprüngen nach eigenem Belieben (Tipp 37). Man möchte glauben, sie freuen sich über die kleinen Goodies mehr als über das Erreichen der nächsten Welt.

❯Tipp 37

Seien Sie im Schulalltag ein guter Super-Mario-Spieler und holen Sie sich täglich einige Goodies: die gute Stunde, die Erledigung, den aufbauenden Tag, die Erfahrung „Dazugelernt!".

- Die gute Stunde – Weil gute Stunden nicht selbstverständlich sind, sollten Sie sich daran stärken. Feiern Sie jede Stunde, die gelingt. Nehmen Sie sich dazu einen Augenblick, in dem Sie sich richtig über den Erfolg freuen können. Vielleicht fällt Ihnen eine Gewinnergeste ein, mit der Sie diesem Erfolg gerecht werden. So spornen Sie sich für weitere Erfolge an.

Administratives
mit Weile

❯Tipp 77

- Die Erledigung – Erledigen Sie in der Schule genau eine administrative Aufgabe pro Tag. Verschieben Sie die anderen auf morgen (Tipp 77). Versuchen Sie, diese ausgewählte Aufgabe so weit zu bearbeiten, dass Sie sie auch ohne Fertigstellung beruhigt in der Schule lassen können. Freuen Sie sich über die Abarbeitung dieses notwendigen Übels. Weil Sie morgen Früh die nächste Aufgabe auswählen und erledigen werden, brauchen Sie zu Hause keine Gedanken mehr daran zu verschwenden.

- Der aufbauende Tag – Es ist ein außerordentlicher Erfolg, nach einem Unterrichtstag die Schule mit Energie zu verlassen (Tipp 1). Wenn es Ihnen gelingt, die Stunden so zu gestalten, dass Sie am Ende der Unterrichtszeit nicht ausgelaugt sind, dann ist das ein Erfolg des Alltags. Sie sind mit Ihren Kräften sorgsam umgegangen, haben all die schwierigen Momente gut gemeistert und mit echten Pausen und entspannenden Stunden für den nötigen Stressausgleich (Tipp 26) gesorgt.

❯ Tipp 1

Mit den eigenen Kräften sorgsam umgehen

❯ Tipp 26

- Die Erfahrung „Dazugelernt!" – Freuen Sie sich, wenn Sie heute selbst etwas gelernt oder besser verstanden haben. Vielleicht haben Sie etwas von den Schülern gelernt oder sind um eine didaktische Erfahrung reicher. Vielleicht verstehen Sie nun ein Stoffgebiet noch besser. Nehmen Sie dieses Geschenk freudig an. Es ist kein Zufall, denn Sie waren aktiv lernbereit und haben zugehört.

REZEPTE GEMEINSAM KOCHEN

4

Immer wieder zeigen Didaktiker offen ihre Ablehnung von Unterrichtsrezepten. Sie meinen, weil jeder Lehrer anders ist, müsse der Einzelne seinen eigenen Stil finden. Zudem zeigten Best-Practice-Studien, dass gute Lehrer ein ganz individuelles Profil haben (Tipp 33). Es könne also kein Rezept für guten Unterricht geben.

❯ Tipp 33

Um die Ecke gedacht

Ersetzen Sie das Wort „Lehrer" durch „Köche" und „Unterricht" durch „Menü", und Sie sehen, wie es sich mit den geschmähten Rezepten verhält. Was ist an einer guten Ge-

müseomelette auszusetzen, die nach Rezept gekocht wurde? Und welcher Koch beginnt am Anfang seiner Laufbahn
nicht mit dem Nachkochen von Rezepten? Manche Hau-
benköche brüsten sich sogar damit, dass sie extravagante
Rezepte aus verschollenen Nachlässen nachkochen. Kein
Gourmetpapst würde sich dazu aufschwingen, Kochbü-
cher zu verteufeln.

In unserer Profession ist es ebenso: Am Anfang helfen Rezepte für den Unterrichtseinstieg oder die Präsentations-
technik sehr. Nach mehrmaligem Ausprobieren kommt
dann der eigene Stil dazu. Und auch für den Erfahrenen gilt:
Sobald wir neue Methoden ausprobieren wollen, ist es doch
geschickt – und viel einfacher –, erst einmal ein Rezept
nachzukochen.

Gleich mal ausprobieren

Nehmen Sie sich die Kochkunst zum Vorbild: Stöbern Sie in
Methodik- und Didaktikbüchern.

Lassen Sie einige Ihrer Unterrichtsstunden nach Rezept ab-
laufen. Manchmal müssen Sie nur kleine Änderungen vor-
nehmen, um damit zufrieden zu sein. Manchmal schmeckt
das Ergebnis nur durchschnittlich. Doch einzelne Teile werden Sie in Ihr ständiges Repertoire aufnehmen. Um Unterrichtsrezepte verwerfen zu können, muss man sie erst aus-
probiert haben.

Besonders entlastend ist es, wenn Sie in der Fachgruppe
❯ Tipp 66, 74 einander gegenseitig „bekochen" (Tipp 66, 74). Mit den
meisten Unterrichtsrezepten werden Sie etwas anfangen
können. Auch wenn sie nicht „Ihrem Stil" entsprechen, so
gewinnen Sie vielleicht Methoden für Klassen, die nicht „Ihr
Fall" sind. Gerade bei solchen Klassen können nachgekoch-
❯ Tipp 83 te Unterrichtsrezepte Ihre Belastung verringern (Tipp 83).

Auf dem Weg in die Klasse spricht mich ein Schüler einer anderen Klasse in flehendem Ton an: „Kann ich noch ein ‚Sehr gut' erreichen? Soll ich noch ein Referat halten?" Berechtigte Frage – falscher Zeitpunkt. Also antworte ich augenzwinkernd: „Ich wusste gar nicht, dass du überhaupt auf der Kippe zu einer Eins stehst. Sprechen wir in der nächsten Stunde darüber."

Das oberste Prinzip muss sein, dass die Arbeit mit den Schülern in der Unterrichtsstunde stattfindet. Keine Unterredungen in den Pausen! Der Pausenkontakt ist wichtig, jedoch für die Pflege eines partnerschaftlichen Umgangs und die ständige Erneuerung der Übereinkunft, dass in der Stunde gearbeitet und in der Pause pausiert wird.

Rufen Sie nie Schüler am Ende der Stunde zu sich. Das Ende der Stunde soll für alle gelten, für die Schüler und auch für Sie selbst. Wenn es etwas Wichtiges zu besprechen gibt, dann ist auch dafür die Unterrichtsstunde vorgesehen.

Die Arbeit mit Schülern gehört in die Unterrichtsstunde!

In der Pause pausieren!

Gleich mal ausprobieren

Sie wollen mit einem Schüler unter vier Augen sprechen? Gehen Sie so vor:

- Warten Sie auf eine gute Gelegenheit, beispielsweise wenn die Klasse mit einem Arbeitsauftrag beschäftigt ist.
- Sagen Sie dem betreffenden Schüler, worüber und wo (an seinem Tisch, bei der Tafel, im Gang) Sie nun mit ihm sprechen wollen.
- Lassen Sie dem Schüler nach dem Gespräch etwas Zeit, in der er sich mit anderen austauschen kann.

Nehmen Sie sich Zeit für jeden Einzelnen! Sie bauen damit nicht nur eine persönliche Bindung zu dem betreffenden Schüler auf, sondern signalisieren der Klasse auch, dass bei Ihnen das Individuum zählt (Tipp 60). Das gibt den Schülern Sicherheit und sie werden auch Ihnen gegenüber viel mehr Toleranz aufbringen. Sie als Lehrer gewinnen also doppelte Entlastung!

❯Tipp 60

6 TESTS KORREKTURFREUNDLICH ENTWERFEN

Weil Auswendiglernen als wenig sinnvoll gilt, konfrontieren wir die Schüler in Tests und Klassenarbeiten lieber mit komplexen Problemen. Wir erfreuen uns an ihrer Kreativität und ihrem vertieften Verständnis der Materie. Ihre Lösungen werden ermutigend und ebenso komplex korrigiert, damit sie daraus lernen können.

Schätzen die Schüler Ihre Korrekturen? Das Korrigieren nimmt viel Zeit in Anspruch. Möglicherweise schreiben Sie sogar den einen oder anderen Kommentar unter die Arbeiten. Doch dann übergeben Sie die korrigierten Tests und müssen zusehen, wie die Schüler nur auf die Note schauen. Die eigenen Fehler interessieren sie nicht mehr.

Wenn Sie das Gefühl haben, dass die Schüler ihr Augenmerk mehr auf das Ergebnis des Tests als auf Ihre Kommentare richten, dann lohnt sich ausgiebige Korrekturarbeit nicht.

›Tipp 24 Keiner fragt danach und niemand lernt daraus (Tipp 24). Daher ist es angebracht, die Aufgaben in Tests und Klassenarbeiten so zu stellen, dass sie sich schnell korrigieren lassen. Eine schnelle Korrektur kann genauso fundiert sein wie eine komplexe und aufwändige – es ist alles eine Frage der Aufgabenstellung.

Die Güte einer Klassenarbeit misst sich an der Kürze der Korrekturzeit! Die Güte einer Klassenarbeit misst sich an der Kürze der Korrekturzeit!

Gleich mal ausprobieren

Unterteilen Sie die Aufgaben Ihrer nächsten Tests klar nach Fertigkeiten. Im Idealfall prüft eine Fragestellung eine Fertigkeit/ein „Wissensstück". So konzipieren Sie Tests und Klassenarbeiten als einfache Wissensüberprüfungen. Alle komplexen Aufgaben verlegen Sie in den laufenden Unterricht. Hier erzielen Ihre Korrekturen einen höheren Effekt. Die Schüler bemühen sich um eine bessere Mitarbeit und Sie sparen sich Korrektur-Leerkilometer.

Konsequenterweise gewichten Sie die Noten von Klassenarbeiten und Tests für die Gesamtnote möglichst gering.

Wie sehr lieben Schüler Quizspiele am Bildschirm! Anklicken und schon erfahren, ob man richtig liegt. Viele DVDs für Kinder und Jugendliche bieten daher als Extra ein Quiz an, Edutainment-CDs sowieso. Den Benutzern wird ein spielerischer Zugang zu Tests eröffnet, von dem wir in der Schule profitieren können.

Ein wichtiger Qualitätsunterschied zwischen herkömmlichen Multiple-Choice-Tests und Quizspielen am Bildschirm ist die Zeitspanne zwischen dem Ausfüllen und der Auswertung. Die Aussicht, unmittelbar nach Ende des Tests das Ergebnis in den Händen zu halten, aktiviert die Schüler. Bei jeder Frage kommt es darauf an, im Moment der Beantwortung richtig zu liegen. Man kann nicht mehr zurückblättern und die Antwort korrigieren. Folglich eignen sich für solche Tests nur einfache und eindeutige Fragen.

Sie können das Optimum aus der elektronischen Testung herausholen, wenn Sie eine Lernplattform verwenden. Diese beinhaltet Testmodule und erstellt automatisch eine übersichtliche Zusammenfassung der Einzelergebnisse für Sie. Keine Korrekturarbeit, keine Zettelwirtschaft, keine Wartezeit. Oder Sie gehen einfach von PC zu PC und schreiben sich das Ergebnis auf. Die Einarbeitungszeit in das Prüfungsprogramm rentiert sich. Die Vorbereitung einer einzelnen Prüfung dauert nicht länger als das Verfassen des Prüfungsbogens. Sie müssen zusätzlich nur die erlaubten Antworten eingeben. Bedenken Sie, wie lange Sie – selbst bei einfach zu korrigierenden Tests – für die Korrektur brauchen und wie anspruchslos, manchmal sogar entmutigend diese Arbeit sein kann! Für Sie lohnt sich daher die elektronische Alternative und die Schüler werden von der schnellen Auswertung begeistert sein (Tipp 55). Die derzeit erfolgreichste Lernplattform „Moodle" steht lizenzkostenfrei zur Verfügung. Schulen, die sich nicht selbst um die Installation kümmern wollen, können sich für 1–4 Euro pro Schüler und Jahr einmieten (www.moodle.de). Weitere Empfehlungen siehe „Gleich mal ausprobieren".

Die Schüler erhalten das Ergebnis sofort

Die Einarbeitungszeit in die Programme ist gut investiert!

❯ Tipp 55

Gleich mal ausprobieren

Führen Sie den nächsten Test elektronisch durch:

▪ Benutzen Sie die Lernplattform Ihrer Schule, ein Testerstellungsprogramm (z.B. „Hot Potatoes") oder eine der vielen Gratis-Web-Plattformen (z.B. www.e-testcenter.de).

▪ Informieren Sie die Klasse darüber, dass Sie mit ihr eine neue Plattform ausprobieren. Die Schüler werden das System auf Zuverlässigkeit prüfen und Ihnen seine Schwächen aufzeigen.

Achtung!

Beachten Sie Murphys Gesetz: „Alles, was schiefgehen kann, wird auch schiefgehen!" Nehmen Sie jede Panne mit Humor!

8 GLEICHE KORREKTURZEIT FÜR ALLE

Schüler lernen viel aus Fehlern

Viele Studien belegen, dass der Lernerfolg der Schüler steigt, wenn ihre Hausaufgaben korrigiert werden. Das leuchtet auch ein, weil ihre Ergebnisse ernst genommen werden und sich ihre Anstrengung umgehend lohnt. Außerdem lernen die Schüler dazu, wenn sie mit ihren Fehlern konfrontiert werden und diese verbessern.

Stimmt Ihr Leistungsbild?

Bedacht werden sollte aber der Aspekt, dass Sie beim Korrigieren mit schlechten Arbeiten viel mehr Zeit verbringen als mit guten. Haben die schwachen Schüler wirklich mehr Recht auf Ihre Arbeitszeit als die guten? Können die Schwachen aus den unzähligen angestrichenen Fehlern tatsächlich viel lernen? Wenn Sie an den schlechten Hausaufgaben länger korrigieren und immer die gleichen Fehler anstreichen, gewinnen Sie einen negativeren Eindruck von der Klassenleistung, als es der Realität entspricht. Die Defizite treten in den Vordergrund und Ihr Glaube an Ihre Effizienz leidet. Daher ist es nur gerecht und empfehlenswert, jedem Schüler dieselbe Korrekturzeit zuzugestehen.

Gleich mal ausprobieren

Korrigieren Sie jede Hausaufgabe genau zwei Minuten lang. Bei guten Arbeiten werden Sie fertig, bei schlechten reicht es gerade einmal für eine halbe Seite. Zwar bleiben bei schlechten Arbeiten viele Fehler unentdeckt, aber die entdeckten Fehler stehen umso mehr im Vordergrund. Der Schüler kann sich dann auf diese Fehler konzentrieren und so effektiver aus ihnen lernen. Sie aber haben diese wichtige Feedbackarbeit in der vorkalkulierten Korrekturzeit von einer Stunde geschafft.

ZEHN FEHLER FÜR ALLE

9

Je höher die Klassenstufe, desto länger dauert das Korrigieren und desto dringender müssen Sie sich fragen, ob Ihre Arbeit den entsprechenden Nutzen bringt. Lernen die Schüler aus Ihren Korrekturen? Aus wie vielen Fehlern kann man überhaupt lernen?

Die im Folgenden vorgeschlagene effektive Korrekturmethode ist für Arbeiten geeignet, die von den Schülern mehrmals eingereicht werden dürfen.

Wenn öfters abgegeben werden darf

Gleich mal ausprobieren

Korrigieren Sie jede Arbeit so lange, bis Sie den zehnten Fehler gefunden haben.

Beschränken Sie die Anzahl, wie oft eine Arbeit abgegeben werden darf, auf dreimal pro Schüler. Dann erst beurteilen Sie die Arbeit endgültig.

Gehen Sie so vor, dann müssen die Schüler sowohl die angestrichenen Fehler korrigieren, als auch nach weiteren Fehlern suchen und ihre Arbeit danach erneut abgeben. Dadurch erhalten alle die gleiche Chance auf Ihre professionelle Fehlersuche und die Schüler tragen die Verantwortung, aus den Fehlern zu lernen und weitere zu entdecken (Tipp 12).

❯ Tipp 12

Sie selbst aber werden sich mehr an den guten Arbeiten erfreuen, in denen Sie länger nach Fehlern suchen müssen, und weniger mit den schlechten verbringen, die Sie mit den in kürzester Zeit gefundenen Fehlern schnell zur Seite legen können. Damit verringern Sie Ihre Arbeitsbelastung und erhalten ein positiveres Bild der Schülerleistungen.

DAS TÄGLICHE ARBEITSBÜNDNIS

10

Im Lehramtsstudium erzählte einmal ein Professor, Lehrer seien wie Akkus. Der Unterricht ziehe einem die Energie ab. Man gebe und gebe und freue sich sehr, wenn man in einem Weiterbildungsseminar wieder aufladen könne. Mir wurde gleich schwach zumute – was für einen einseitigen Beruf hatte ich mir da gewählt. Nach einigen Jahren kann ich erahnen, was er meinte. Doch es ist nicht das inhaltliche Interesse der Schüler, das mich auslaugt, sondern es sind im Gegenteil ihre Trägheit und ihr Widerstand. Die tun einfach nicht das, was ich will! Ich muss immer wieder rudern, damit sich etwas bewegt. Wenn das so weitergeht, dann geht bald nichts mehr.

Deshalb gilt es, Strategien zu finden, mit wenig Aufwand mehr Mitarbeit der Schüler zu erreichen. Sie können natürlich nicht sofort jeden Widerstand beseitigen. Das müssen Sie auch nicht, denn wo eine Menschengruppe geführt wird,

❯Tipp 78 dort gibt es Widerstand (Tipp 78). So einleuchtend erstrebenswert kann das Ziel gar nicht sein, dass sich nicht einige finden, die sich querlegen.

Zum einen sollten Sie sich an der Existenz des Widerspruchs nicht stoßen. Im Großen und Ganzen sind die Schüler mit dem Willen in die Klasse gekommen, an einem lehrplannahen Unterricht teilzunehmen. Ausnahmen bestätigen die

❯Tipp 90 Regel (Tipp 90). Zum anderen sollten Sie sich nicht für die Motivation der Schüler verantwortlich erklären.

Also, wie motiviere ich die Schüler? Gar nicht! Tun Sie es nicht! Die Grundmotivation, morgens aufzustehen, sich anzuziehen, die Schulsachen – oder zumindest die meisten davon – zu packen und es bis in die Klasse zu schaffen, oft sogar pünktlich, ist schon da. Wenn Sie mehr motivieren, dann erzielen Sie eher den gegenteiligen Effekt: Die Schüler fragen sich, für wie unmotiviert Sie sie halten.

Auf die Grundmotivation der Schüler setzen

Gleich mal ausprobieren

- Informieren Sie die Klasse am Anfang kurz über den Ablauf und das Ziel der Stunde.
- Stellen Sie Ihren Plan offen zur Diskussion. Greifen Sie Kritik auf und machen Sie Kompromissvorschläge.
- Erheben Sie schließlich die erzielte Übereinkunft zu einem Arbeitsbündnis.

Mit einem solchen Arbeitsbündnis legen Sie die Verantwortung für eine aktive Teilnahme am Unterricht in die Hände der Schüler. Gleichzeitig nehmen Sie Ihre eigene Verantwortung wahr: Sie sind die Fachkraft, die eine Vorauswahl trifft. Sie sind die erwachsene Person, die gute Lerninputs gibt. Sie können vor Überforderung schützen und Unterforderung vermeiden. Von Ihnen erhalten die Schüler gute Übungen – und Vertrauen in ihr Potenzial.

Ihre Aufgaben im Rahmen des Arbeitsbündnisses

SOS-Tipp

Wenn sich die Diskussion über Ablauf und Ziel der Stunde in eine destruktive Richtung entwickelt, kann dies ein Hinweis auf tiefer liegende Probleme der Klasse sein. Möglicherweise verbirgt sich dahinter eine nicht ausgesprochene Unzufriedenheit mit Ihrem Tun. Oder die Probleme resultieren aus prinzipieller Überforderung. Zumeist aber braucht die Klasse wieder eine grundsätzliche Orientierung. Dann lohnt es sich, den Stoff hintanzustellen und über die prinzipielle Gestaltung des „Arbeitsbündnisses Schule" zu sprechen (Tipp 80).

❯ Tipp 80

11

Beraten Sie bei der Stoffauswahl, aber überzeugen Sie nicht!

Besser und leichter gelingt Unterricht, wenn er Schülerinteressen kreuzt. Die Lehrpläne der einzelnen Bundesländer sehen Schwerpunktsetzungen vor. Warum also nicht den Jahresplan gemeinsam mit den Schülern erstellen?

Benutzen Sie den Lehrplan als Katalysator, um mit der Klasse eine Stoffauswahl zu treffen. Gerade die Schüler, die ihr Lernen selbst bestimmen wollen, holen Sie so ins Boot. Entziehen Sie sich, soweit es geht, der Verantwortung für die Stoffauswahl. Beraten Sie – aber überzeugen Sie nicht. Der Jahresplan darf unrealistisch ausfallen, schließlich kann er ja wieder geändert werden.

❯ Tipp 37

Vergessen Sie nicht, auch Ihre persönlichen Vorlieben in die Diskussion einzubringen (Tipp 37).

Gleich mal ausprobieren

▬ Teilen Sie in der ersten Stunde den Lehrplan aus.
▬ Lassen Sie die Schüler über ihre Vorlieben und die Reihenfolge deren Behandlung im Unterricht diskutieren.
▬ Einigen Sie sich auf ein vorläufiges Jahresprogramm.

❯ Tipp 22

Sie erhalten bei diesem Austausch mit den Schülern viele Informationen über deren Vorwissen und individuelle Interessen. Wahrscheinlich tauchen ein, zwei Ideen für ein spannendes Projekt oder eine Exkursion auf. Die Schüler fühlen sich weniger fremdbestimmt und werden spätere Durststrecken tapfer durchstehen. Sich selbst aber ersparen Sie viel Motivationsarbeit und die eine oder andere Unmutsäußerung (Tipp 22).

12

In aktuellen Artikeln aus Zeitungen und Fachzeitschriften zum Thema Erziehung weht ein Zeitgeist, der Erwachsenen und Kindern bzw. Jugendlichen völlig getrennte Rollen zuweist: Wir Erwachsene müssen für die gute Entwicklung der Kinder Sorge tragen, während die Kinder aufgerufen sind, ihre Anlagen zu zeigen und weiterzuentwickeln. Der Umsatz mit Lern-CDs boomt genauso wie diverse Infotainment-Freizeitangebote. Lernen soll den Kindern und Jugendlichen Freude machen und sie sollen individuell gefördert werden!

Die Kinder sollen in Töpferkurse, Mathematik-Workshops, Geländeläufe und andere Förderangebote gehen. Mit allen Mitteln fordern die Eltern – und auch wir Lehrer –, dass sie neugierig und aufgeschlossen sind. So können wir herausfinden, wer wofür begabt ist, und die weiteren Aktionen planen. Läuft es in einem Kurs nicht gut, dann entspricht er offensichtlich nicht dem Kind. Das Kind soll dafür jedenfalls nicht verantwortlich gemacht werden.

Wir Erwachsene fühlen uns gut, wenn wir intensiv auf die Kinder eingehen. Doch verwehren wir ihnen dabei unbewusst die Chance auf genau dasselbe Gefühl: den Stolz, es mit eigener Anstrengung den Eltern oder dem Lehrer recht gemacht zu haben. Alle Kinder wollen einen Beitrag zum Gelingen von Familie und Schule leisten. Sie wollen dafür geachtet werden, dass sie Mühen auf sich nehmen, auf Spaß verzichten und Verantwortung für ihr Handeln übernehmen. Sie bevorzugen Erwachsene, die ihnen Verantwortung aufbürden (Tipp 59).

Kinder wollen einen Beitrag zum Gelingen von Familie und Schule leisten

❯ Tipp 59

Gleich mal ausprobieren

Spätestens ab der fünften Jahrgangsstufe sind die Schüler in der Lage, den Unterricht morgens selbstständig mit einem Wörterdiktat zu beginnen.

Stellen Sie den Schülern die Lernwörter zur Verfügung und eine Liste, auf der sie nachlesen können, an welchem Tag in der Woche sie einander Wörter diktieren müssen.

- Besprechen Sie mit den Schülern, wie und wann sie die Unterrichtsstunde beginnen sollen – etwa um fünf nach acht mit einem Guten-Morgen-Gruß. Die Schüler werden ihre Hefte herausnehmen und selbstständig ihre Rechtschreibübung machen.
- Sie können die Klasse währenddessen beobachten, Ihre Unterlagen sortieren oder sich solange mit einem Kollegen absprechen.

Die Schüler werden durch das Gelingen eines solchen selbstständigen, angenehmen und konzentrierten Starts in den Schultag – und selbstverständlich durch Ihr Lob – Motivation erhalten, noch mehr Verantwortung für ihr Lernen zu übernehmen (Tipp 19).

❯ Tipp 19

Stellen Sie sich eine gerade noch pubertäre neunte Jahrgangsstufe vor: In einer normalen Stunde vergehen keine zwei Minuten ohne Zurechtweisung, als könnten sich die Jugendlichen nicht selbst unter Kontrolle bringen. Im Gegenzug verlangen sie vom Lehrer, dass er sich durchsetzt und für Ruhe sorgt. Dabei verstehen die Schüler nicht ihr eigenes Bedürfnis, aus der Kinderrolle in das selbstbestimmte Erwachsenenleben zu wechseln. Wir Erwachsene wissen es besser: Die Jugendlichen ecken an, weil sie eigentlich für größere Aufgaben bereit sind. Sie wollen in der Gruppe Verantwortung für den Gesamterfolg übernehmen (Tipp 21).

❯ Tipp 21

Sie wollen das Spannungsfeld zwischen eigenen Zielen und dem Wirken in der Gruppe erleben und mitgestalten. Sie wollen nicht mehr von der Gruppendynamik getrieben werden, sondern diese aktiv steuern. Es ist eindeutig die Aufgabe der Schüler, für eine gute Atmosphäre in der Klasse zu sorgen. Leiten Sie die Schüler mit Beständigkeit dazu an (Tipp 20). Besprechen Sie mit ihnen, wie man sich gegenseitig kollegial anspornt oder wirksam ermahnt. Jede Klasse ist ein Experiment, in dem Sie als unablässig blinkender Leuchtturm Orientierung geben. Wiederholen Sie immer wieder einen Satz, der die Situation beschreibt: „Es ist eure Unterrichtsstunde. Ihr seid dafür verantwortlich, dass sie gelingt." Diese Rolle können Sie gut übernehmen.

Die Atmosphäre in der Klasse ist Schülersache

❯ Tipp 20

„Ihr seid dafür verantwortlich, dass diese Stunde gelingt"

Achtung!

Wir Erwachsene müssen überlegen, wie viel Verantwortung altersgerecht ist. Schüler sollten möglichst früh Verantwortung für das Gelingen von Unterricht übernehmen. Schließlich handelt es sich dabei um ihre eigene Lern- und Übungszeit.

Gleich mal ausprobieren

Wenn Ihre Autorität von Schülern herausgefordert wird, ist es an der Zeit, Verantwortung zu übertragen: Verantwortung für den Klassenraum, die Disziplin, die Kollegialität, einen eigenen Beitrag zum Stoff, den Stundenablauf usw.
Kündigen Sie die Veränderung mit „Ich glaube, es ist Zeit, dass jeder von euch wieder ein Stück mehr Verantwortung für das Gelingen der Stunden übernimmt" an.

Wann eine Klasse für mehr Verantwortung reif ist, können Sie nur experimentell herausfinden. Fehlschläge gehören dazu. Dann müssen Sie eben selbst wieder mehr Struktur vorgeben. Trauen Sie den Kindern und Jugendlichen viel zu. Lehren Sie sie, dass Schule nur gelingen kann, wenn sie Verantwortung dafür übernehmen. Geben Sie Verantwortung ab und fordern Sie deren Übernahme beständig von den Schülern ein. Sie befreien Ihre Schultern von unnötigen Lasten und werden motivierende Stunden erleben.

JEDES STOFFKAPITEL EIN ARBEITSBÜNDNIS

13

Wir Lehrer sind die Regisseure des Unterrichts. Wir müssen die Schauspieler so koordinieren, dass sie ihre Rollen gut spielen. Diese wiederum strengen sich an, den Vorgaben zu entsprechen. Einfach das Gesicht in die Kamera zu halten, genügt sicher nicht. Der gute Regisseur erkennt dafür im Gegenzug, welche individuellen Darbietungen der Schauspieler seinen Film bereichern. Gefällt eine Aufnahme nicht, geht das Set in die Ausgangsstellung und beginnt von Neuem: Kamera läuft, Ton ab, Szene X, die zweite.

Die Schüler ihre Stärken einbringen lassen

So wie jede Szene eine Neuaufstellung ermöglicht, so können Sie auch zu Beginn jedes Stoffkapitels Ihre Erwartungen an den Unterricht neu ausrichten. Besprechen Sie mit der Klasse, was wer leisten soll. Die Ergebnisse werden besser, wenn die Schüler ihre Stärken einbringen können.

Und wenn die Klasse mit allen Tricks versucht, das Niveau zu senken? Dann müssen Sie dagegenhalten (Tipp 80).

> Tipp 80

Gleich mal ausprobieren

- Teilen Sie der Klasse die Lernziele des Stoffkapitels mit.
- Schlagen Sie Lernwege vor (auch binnendifferenziert), die Ihnen geeignet erscheinen.
- Diskutieren Sie darüber mit der Klasse und kommen Sie zu einer Abmachung. Ein kleines Plakat kann das Arbeitsbündnis für dieses Stoffkapitel im Klassenraum präsent halten.
- Erlauben Sie auch individuelle Schwerpunkte: Manche Schüler wollen in einzelnen Stunden oder zu bestimmten Stoffgebieten ihren eigenen Interessen nachgehen. Vereinbaren Sie für solche Sonderwege, wie viel Betreuung Sie leisten können und welche Qualität Sie erwarten (Tipp 12).

> Tipp 12

Nach dem Ende des Stoffkapitels können Sie dann ein kurzes Feedback von den Schülern einholen und das nächste Arbeitsbündnis noch treffender schließen. Dabei lernen die Schüler viel über ihr eigenes Lernen und Sie können sich auf Ihre Rolle als Regisseur konzentrieren.

14

Ein Schüler, der häufig passives Objekt von Unterhaltungsindustrie, Infotainment und einseitiger Arbeitsteilung im Haushalt ist, verfällt schnell in die Rolle des Konsumenten. Jede Hilfestellung wird erwartungsvoll angenommen. Schüler täuschen auch Überforderung vor, wenn sie sich dadurch Anstrengung ersparen können. Das kann so weit gehen, dass sie sogar den Lernprozess an ihre Lehrer abgeben: „Sie müssen mir das lernen!", haben schon viele Schüler zu mir gesagt.

Da aber nur der Schüler selbst – und zwar unter eigener Anstrengung – lernen kann, müssen wir mit Beständigkeit diese „Arbeit" einfordern (Tipp 12). Am besten, wir gewöhnen die Schüler von Anfang an daran, selbstständig zu denken und zu lernen. Robyn R. Jackson schildert in ihrem Buch „Arbeiten Sie nie härter als Ihre Schüler" eine Strategie, wie man mit Geduld und Beharrlichkeit den Schülern die Verantwortung für ihr eigenes Nachdenken übergibt.

Lernen heißt nicht Konsumieren

❯ Tipp 12

Gleich mal ausprobieren

Wenn Sie der Klasse eine Frage zum Stoff stellen:
- Bieten Sie keine Antworten.
- Helfen Sie nicht beim Denken.
- Warten Sie geduldig (das wird Sie sehr herausfordern!), bis die Schüler anfangen, selbst über den Stoff zu sprechen.

Lernen ist anstrengend, übernehmen Sie diese Arbeit nicht für Ihre Schüler, arbeiten Sie nie härter als sie. Anfangs allerdings wird diese neue Rolle für Sie sehr schwer auszufüllen sein. Wie gern würden Sie etwas zeigen, erklären und weiterhelfen. Wenn Sie allerdings die Stille im Anschluss an Ihre Frage aushalten können, werden die Schüler beginnen, die Frage wirklich zu durchdenken bzw. zu bearbeiten und dabei zu lernen.

Nur Schwierigkeiten, die die Schüler selbst überwunden haben, führen zum Lernerfolg. Sie als Lehrer leisten bessere Arbeit, wenn Sie einfach einmal nichts tun.

Stille ertragen können

15

Ein guter Weg, um der Klasse unbeliebte Lernziele schmackhaft zu machen, ist es, ein externes Zertifikat (wie z. B. ein Goethe- oder ein Cambridge ESOL-Zertifikat) in das Arbeitsbündnis aufzunehmen. Die Schüler kommen dann nicht um die einzelnen Punkte im Prüfungssyllabus herum, sind aber motivierter, diese „Qual" für den Gesamterfolg in Kauf zu nehmen. Sie als Lehrkraft schlüpfen dabei mehr in die Trainerrolle, in der Sie mit den Schülern an einem Strang ziehen können.

Die Trainerrolle entlastet

SOS-Tipp

Wenn es kein relevantes Zertifikat für den betreffenden Gegenstand gibt, experimentieren Sie mit Quizsoftware (ob „Wer-wird-Millionär?" oder „Hot Potatoes") und schaffen ein eigenes Zertifikat an Ihrer Schule.

Gleich mal ausprobieren

- Erklären Sie der Klasse den Ablauf des Tests und die Notenrelevanz.
- Unterrichten Sie nur die Teile des Teststoffs, die wirklich einer Unterweisung bedürfen.
- Bieten Sie eine angemessene Anzahl Ihrer Stunden als freie Lernzeit und sich als Lernberater an.

Vielleicht brauchen die Schüler etwas Selbstorganisationshilfe, aber das ist schon die ganze Arbeit, die für Sie anfällt (Tipp 61). Und viele Stunden verlaufen in netter und konzentrierter Atmosphäre. Aus einer solchen Stunde gehen Sie gestärkt in die Pause.

❯ Tipp 61

16

Ein guter Weg, um Schülern Erfolge zu ermöglichen, sind Ämter. Ob es sich um die Reinhaltung des Klassenraums, das Einsammeln von Formularen oder andere Aufgaben handelt – der einzelne Schüler kann sich auf diese Weise ein Lob von Ihnen holen. Damit Sie den Überblick behalten, wer welches Amt innehat, sollten Sie sich eine Liste anlegen, die Sie am besten immer in die jeweilige Klasse mitnehmen. Man weiß ja nie, welches neue Amt Sie heute schaffen werden (Tipp 70).

❯ Tipp 70

Gleich mal ausprobieren

Führen Sie diese Liste pro Klasse, um Verantwortlichkeiten und gebührende Belohnungen stets im Blick zu haben:

Aufgabe/ Amt	Schüler	Beginn	Ende	Beur- teilung	Be- lohnung

Achtung!

Seien Sie sich der Tatsache bewusst, dass es nicht auf die Belohnung des jeweiligen Schülers, sondern auf den von ihm erlebten Erfolg ankommt. Der Schüler wird das Amt gut ausfüllen, wenn er seine Aufgabe meistern will. Die Belohnung dient nur als äußeres Zeichen, dass er es geschafft hat. Selbst wenn ein Schüler behauptet, er erledige die Sache nur für den Lohn, tut er es im Kern, um Erfolgsgefühle zu haben. Er will keine Geschenke.

17

Lehrplanmacher und Didaktiker legen fest, welches Wissen und welche Erfahrungen Schüler ansammeln sollen. Wir Pädagogen erhalten dann die Aufgabe, im Unterricht möglichst alle Ziele umzusetzen. Doch sind es tatsächlich die Erwachsenen, die bestimmen, welche Erfahrungen die Schüler in den Klassenzimmern machen?

Erinnern Sie sich an Ihre eigene Schulzeit: Wie wichtig waren die Lehrer damals tatsächlich für Sie? Im Vergleich zu den Klassenkameraden doch recht unwichtig, oder? Ihr Streben war darauf ausgelegt, den eigenen Weg und unter den Mitschülern einen anerkannten Platz zu finden. Ob die Lehrer nun engagiert oder nachlässig waren, war für Sie nicht von großer Bedeutung. Sie mussten eben zusehen, dass Sie irgendwie zu den Noten kamen, die Sie wollten und für das weitere Fortkommen benötigten.

Es ist heute aus guten Gründen so, dass die Schüler viel Zeit in der Schule verbringen. Die Schule ist damit ein wichtiger Ort, an dem Kinder und Jugendliche heranwachsen. Trotzdem sollte nicht das Missverständnis entstehen, dass die Schüler in ihrer Entwicklung so sehr von uns Lehrern und der Schule abhängig sind. Sie gestalten ihr Heranwachsen auch selbst. Diese eigenständige kindliche bzw. jugendliche Perspektive ist ein zu respektierender Teil des Schullebens. Viele Schulen bieten deshalb den Schülern freizügige Lebensräume – sehen sie aber während der Unterrichtszeit noch als abhängige Lerner.

Unterricht ist Selbsterfahrungszeit

Jede Unterrichtsstunde muss als Zeitspanne verstanden werden, in der die Schüler viel von sich selbst erfahren wollen: Sie wollen ihre kognitiven Leistungen austesten, ihre Vorlieben herausfinden, den Umgang mit Mitschülern üben. Alles, was sie dazu brauchen, sind Gelegenheiten – Tests, Fachvorträge, Referate, Gruppenarbeiten, Projektarbeiten, Freiarbeit usw. Wir Lehrer können ihnen diesen Rahmen organisieren. Wir können das gut, denn wir sind Profis in Sachen Unterrichtsgestaltung. Tun wir also nicht so, als ginge es immer nur um Lernziele.

Gleich mal ausprobieren

- Besprechen Sie diese Schülerperspektive mit der Klasse.
- Erweitern Sie den Stoff um Selbsterfahrungsziele wie z.B.: die eigenen Stärken benennen können, neue Seiten an sich entdecken oder Strategien für mehr Anerkennung entwickeln. Die Schüler sollen wissen, dass Selbsterfahrung in Ihrem Unterricht Platz hat, mehr noch, dass Sie sie dabei mithilfe der Unterrichtsgestaltung unterstützen.
- Erklären Sie immer wieder, was die Schüler bei von Ihnen vorgeschlagenen Methoden über sich lernen können.
- Ermutigen Sie die Schüler dazu, ihre Selbsterfahrungsbedürfnisse frühzeitig zu äußern. Auf dieser Grundlage können Sie die passenden Methoden vorbereiten.

Auf diese Weise erfahren Sie mehr über die Stärken des einzelnen Schülers (Tipp 55). Sie verbreitern die Zustimmung zu den von Ihnen geplanten Unterrichtsverläufen und müssen sich weniger über Widerstand ärgern (Tipp 79).

❯ Tipp 55

❯ Tipp 79

EIN LUXUSLEHRERLEBEN LEBEN

18

Unsere Gesellschaft hat es geschafft, Kinder und Jugendliche lange aus dem Erwerbsleben herauszuhalten. Es bleibt ihnen viel Zeit und Raum, ihren Interessen nachzugehen. Das ist Luxus – in meinen Augen unverzichtbarer Luxus.
Als Lehrer aber begegnen wir auch Jugendlichen, die nicht mehr neugierig sind. Sie entwickeln keine Interessen und haben keine fachlichen Fragen, sondern suchen einen schnellen und einfachen Weg, eine gute Note für die Lehrstellensuche oder die weiterführende Schulform zu erreichen. Also versuchen wir, auf kreative Weise und mit einigem Aufwand Fragen in ihre Köpfe zu bringen, die dann freudig beantwortet werden können: „Edutainment-Stunden". Mit viel Brimborium wird ein Stoff vorgetragen, arbeitsblattunterstützt und millionenshowlike abgeprüft, ohne die Mitarbeit der Schüler zu fordern. Tolles Feedback ist

gesichert. Aber nächstes Mal muss es schon aufregender sein! Vielleicht noch ein Witz hinzugepackt oder ein eigens bedrucktes passendes T-Shirt angezogen.

Verlockung
Edutainment

Solche Stunden sollten Sie nur halten, wenn Sie wirklich einmal den Showmaster spielen wollen. Aber die Regelstunde kann so nicht aussehen. Es darf nicht sein, dass die Schüler sich zurücklehnen und in die Rolle von Konsumenten schlüpfen. Dann werden Noten lediglich zum Lockmittel für Folgsamkeit und Strebsamkeit – was im „Bildungsluxus", in dem die Schüler nur nach guten Noten streben, wenn sie sich davon z. B. am Lehrstellenmarkt einen Gewinn erhoffen, lediglich über kurze Strecken funktioniert (Tipp 80).

❯Tipp 80

Ist das nicht die Freiheit, die sich unsere Vorfahren immer wünschten? Die Konsequenzen schlechter Noten sind überschaubar. Jeder Schüler kann jahrelang in eigens dafür unterhaltenen Institutionen ungestört viel über die Welt lernen. Er darf in einem Fach gut und in einem anderen schlecht sein, egal was seine Eltern von Beruf sind. Sein Verhalten wird ihn nicht in eine lebenslange Notlage bringen, aus der er nicht mehr herauskommt. Etliche Bundesländer dehnen die Grundschule sogar auf sechs Jahre aus, um den Selektionsdruck noch weiter zurückzudrängen. Die Schulnoten verlieren weiter an Ansehen und Gewicht.

Noten- und
Selektionsdruck
sinken

Luxuslehrerleben

Wenn nun für die meisten Schüler Noten eine untergeordnete Rolle spielen, dann stellt sich die Frage: Was kann ich als Lehrer zu diesem Luxusleben beitragen? Ein Luxuslehrerleben! Der Freiraum, den die Schüler genießen, steht auch Ihnen in der Themenwahl zur Verfügung. Sie können heute Ihren persönlichen Schwerpunkten mehr Raum geben, weil der Erfolg der Schüler im Leben weniger von Ihrem Stoff abhängt als je zuvor. Vergessen Sie den Lehrplan, wählen Sie aus dem unendlichen Themenregal Ihrer Fächer.

Gleich mal ausprobieren

▬ Verlängern Sie ein Stoffkapitel, das Sie interessiert.
▬ Verkürzen Sie dafür eines, das Sie nicht interessiert.
▬ Sprechen Sie über Ihre persönlichen Interessen. Ihre Begeisterung wird den Schülern ein nachhaltiges Vorbild sein.

Ihre bevorzugten Themen werden Sie mit großer Leichtigkeit unterrichten. Die Faszination des Stoffes sorgt dafür, dass Sie die Stunden gern vorbereiten und diese daher auch gelingen (Tipp 64). Und Sie geben erzieherisch ein gutes Vorbild ab: Einen Beruf auszuüben, in dem man sehr oft machen kann, was einen interessiert. Welchen größeren Luxus kann es geben?

> Tipp 64

SCHÜLERGERECHTE AUTORITÄT

19

Sehr anstrengende Momente im Lehreralltag sind jene, in denen unsere wohlüberlegte Methode bei den Schülern auf eine matte Gummiwand zu stoßen scheint. „Noch ein bisschen mehr reinknien!", denken wir uns – doch alle Anstrengung ist zwecklos, die Klasse geht einfach nicht mit. Da kommt langsam, aber sicher die Frage auf: Wie ernst nehmen mich die Schüler?

Die autoritäre Reaktion darauf ist bekannt: Disziplin einfordern und die Klasse „in den Griff bekommen". Die Schüler können sich schnell an autoritäre Lehrende anpassen, weil sie sich dabei lediglich wie Kleinkinder benehmen müssen: Kindlicher Glaube an die erwachsene Person und der Wille, es ihr recht zu machen, – das entspricht einer geistigen Entwicklungsstufe, die im Normalfall im Alter von sechs Jahren überwunden ist. Danach entwickelt das Kind eine Moral, die sich nach einem Regelwerk der erwachsenen Autorität richten will. Während also Erstklässler den Lehrer noch fraglos als Autorität akzeptieren, brauchen Zehnjährige schon sachliche Belohnungs- und Bestrafungssysteme. Mit der Pubertät beginnt dann die Zeit der Verhandlungen, in der denjenigen Lehrern Autorität zugestanden wird, die „mit sich reden lassen". Erst im Erwachsenenalter entsteht so etwas wie eine überpersonale Moral, die zur Anerkennung allgemeiner Prinzipien führt. Die Schüler ändern ihren Bedarf an Autoritäten also laufend und individuell. Es ist wichtig, dass Sie als Lehrer um diese Entwicklungsstufen wissen.

Entwicklung der Moral bei Kindern und Jugendlichen

Bedarf an Autoritäten ändert sich

Gleich mal ausprobieren

- Diskutieren Sie mit der Klasse Ihr Belohnungs- und Bestrafungssystem.
- Ändern Sie die Punkte, deren Sinnhaftigkeit von den Schülern infrage gestellt wird.
- Wechseln Sie mit dem Alter der Schüler auf individuell zu verhandelnde Sanktionen und Belohnungen. Ihre Autorität wächst mit Ihrer Fähigkeit, sich auf die geänderten Bedürfnisse einzustellen.

Gelingt es Ihnen, eine zur jeweiligen Jahrgangsstufe der Schüler passende, d. h. altersadäquate Autoritätsrolle einzunehmen, werden misslungene Stunden nicht mehr zu einem Autoritätsproblem. Sie nehmen den Fehlschlag sportlicher und können in der jeweiligen Situation gelassener reagieren ❯ Tipp 65 (Tipp 65).

MIT EIGENEN STÄRKEN FÜHREN

20

Unser Job als Lehrer ist ein Führungsjob. Viele Erfolge bzw. Schwierigkeiten hängen davon ab, inwiefern es uns gelingt, Führung zu gestalten. Eine Klasse über eine stark befahrene Kreuzung führen, mit eigenem Wissen voranstehen, Wertvorstellungen sowie eine Arbeitshaltung vermitteln usw. Die Umstände unseres Berufs scheinen uns in viele Führungssituationen zu drängen. Dabei kann einem schon mal die Luft ausgehen.

Um die Ecke gedacht

Gerade die Bereiche, in denen Sie sich zur Führung gezwungen fühlen, sollten Sie hinterfragen. Denn dort gelingt Ihnen die Führungsaufgabe offensichtlich weniger gut. Wenn Sie Versagen und Kontrollverlust fürchten, dann ist das ein Zeichen dafür, dass Sie sich zu viel Verantwortung aufgebürdet haben und unangemessen dirigieren wollen (Tipp 41).

❯ Tipp 41

Ängste verleiten Sie als Lehrer dazu, auf keinen Fall Macht abzugeben. Die Aussicht, dass die Schüler ihren Weg infolge selbstständiger Entscheidungen gehen, macht dann ohnmächtig. Aus gutem Grund: Die Führungsrolle scheint Ihnen aufgezwungen. Übermächtige Dienstvorschriften und Erlasse machen vordergründig jeden Spielraum zunichte. Wer sich aber die Entscheidungsmacht aus eigenem Willen zuweist, wer sich die Führungsrolle selbst nimmt, traut den Schülern automatisch mehr zu – und muss vor ihren selbstständigen Entscheidungen keine Angst haben.

Führen Sie aus eigenem Willen!

Selbstverständlich müssen Sie Pausenaufsicht halten. Sie werden auch zwei Elfjährige, die sich gerade gegenseitig „in den Schwitzkasten nehmen" wollen, ermahnen und voneinander trennen. Diesen Ordnungs-Führungsanspruch haben Sie sich nicht gewünscht, doch müssen Sie sich dazu zwingen? Sicher nicht! Sie können vielmehr entscheiden, auf welche Weise Sie sich einschalten. Sie führen gut, wenn Sie den Schülern sagen, was Ihnen an ihrem Verhalten nicht passt („Ich will nicht in einer Schule unterrichten, in der die Schüler miteinander raufen"), und wenn Sie nach der Trennung der beiden Ihr Eingreifen beenden.

Im Unterricht sind Sie in der guten Position, dass Sie entscheiden können, wohin Sie die Klasse führen. Wenn Sie spannend vortragen können, dann bemühen Sie sich nicht um doppelstündige Forschungsgruppenarbeiten. Wenn Sie gute Gruppenaufgaben stellen können, dann sorgen Sie sich nicht um eine ruhige Atmosphäre. Die Führung gelingt besser, wenn Sie den Schülern Ihre Stärken zumuten (Tipp 38).

❯ Tipp 38

Gleich mal ausprobieren

- Definieren Sie für sich die Gebiete (Ihre Stärken und Vorlieben), auf denen Sie führen wollen.
- Teilen Sie den Schülern Ihre diesbezüglichen Wünsche und Bedürfnisse klar mit.
- Gehen Sie mit Widerspruch wertschätzend um, geben Sie den Schülern Gestaltungsraum.
- Versuchen Sie, den Entscheidungsspielraum der Schüler schrittweise zu vergrößern.

Achtung!

❯ Tipp 32

Da es anstrengend ist, eine Führungsrolle zu behaupten, sollten Sie sparsam mit Ihren Kräften umgehen (Tipp 32). Ihre Zufriedenheit wird größer, wenn Sie statt zu dirigieren mehr trainieren und schließlich einfach delegieren. Lao Tse sagt: „Wenn die Arbeit des besten Führers getan ist, sagen die Leute: ‚Das haben wir selbst getan!'"

MACHT ENTTABUISIEREN

21

Die Schule ist ein Ort der Macht. Über dieses offene Geheimnis zu sprechen, ist wenig spannend. Hingegen lohnt es sich sehr, die Macht in der Schule auf selbstverständliche Art und Weise täglich zur Verhandlung zu stellen.

Machtkonflikte zivilisieren

Wir Lehrer nehmen in vielen Bereichen in guter Absicht die Macht an uns. Die Konflikte, die dadurch entstehen, sind Teil unserer Arbeit. Man kann sie nicht verhindern, indem wir keine Macht mehr anstreben. Mit einer Verdrängungsstrategie wiederum wird der Konflikt in den Untergrund verschoben, wo er gärt, ständig ärgert und schlussendlich zu unschönen Ausbrüchen führt. Also gilt es, eine Methode zu finden, die den Konflikt zivilisiert.

Zu Beginn jeder Stunde fällt uns Macht aufgrund unserer Position als Lehrkraft zu, die über den Verlauf informiert und Anweisungen gibt, dann aufgrund unseres Wissensvorteils als Fachmann. Weiter sind wir durch die Schulgesetze ermächtigt, Zensuren zu vergeben. Damit hat der Lehrer ganz automatisch eine herausragende Position. In jeder Stunde wird die Macht dann aufs Neue zwischen Lehrer und ❯ Tipp 79 Schüler verteilt (Tipp 79). Wer soll was tun dürfen bzw. müssen? Wer soll die Entscheidung fällen? Jetzt kommt es darauf an, die Machtverteilung geschickt zu verhandeln. Dass wir die „dunkle Seite der Macht", die sich der Aggression und Gewalt bedient, ablehnen, soll nicht dazu führen, dass in der Klasse gar nicht mehr über Macht gesprochen werden darf. Unser Machtstreben ist gut für die Schüler, solange es zu ihren Bedürfnissen passt. Je älter sie werden, desto mehr Entscheidungsspielraum brauchen sie – desto weniger Verantwortung bleibt uns. Damit sich unsere Machtposition zum Wohl der Schüler entfalten kann, müssen wir so offen wie möglich darüber verhandeln. Die Schüler können dadurch lernen, ihre eigene Macht positiv zu nützen. Dafür ist die Schule ein ideales Übungslabor.

Das eigene Machtstreben den Bedürfnissen der Schüler verantwortungsvoll anpassen

Gleich mal ausprobieren

- Finden Sie einen Verantwortungsbereich, den eine Klasse zum Teil selbst übernehmen kann, z. B.: Auswahl der Stoffschwerpunkte oder der Kapitelreihenfolge, Festlegung der Verhaltensregeln für eine gute Lernatmosphäre, Planung und Durchführung von kleinen Schulveranstaltungen, Mitbestimmung bei Lehr- und Lernmethoden, Formulierung der Beurteilungskriterien für Referate oder Gruppenarbeiten, Art des Stundenbeginns oder -endes, Gestaltung und Zustands des Klassenraums. Schlagen Sie der Klasse vor, in einem Punkt die Macht mit Ihnen zu teilen.
Sollten Sie die Schüler mit zu viel Verantwortung überfordern, werden sie Ihnen die Macht gern wieder zurückgeben. Dennoch gilt: Die Schüler wachsen mit den Herausforderungen. Geben wir sie ihnen.
- Diskutieren Sie mit der Klasse die positiven Seiten von Macht.
- Macht braucht Kontrolle. Lassen Sie die Klasse aus ihren Reihen einen Machtkontrolleur wählen, der Sie in konkreten Situationen vor Machtübergriffen warnt.
- Setzen Sie Ihre Macht bei Konflikten sparsam ein. Erst wenn alle Bedürfnisse geklärt sind, ist es Zeit für ein Machtwort.

Achtung!

Ihre Worte und Ihre Körpersprache müssen den positiven Einsatz von Macht unterstreichen. Verwenden Sie Ich-Botschaften und hören Sie aktiv zu. Achten Sie auf eine ruhige Stimme, Blickkontakt und sparsame Bewegungen.
Stunden, in denen Sie mit Ihrer Macht zum Gelingen des Unterrichts beigetragen haben, stärken Sie ungemein!

22

Wichtig für jeden beruflichen Erfolg ist es, zu erkennen, wer Ihr tatsächlicher Chef ist. Wer beurteilt Ihre Arbeit? Wer entscheidet über Ihre Arbeitsumgebung? Von wem erhalten Sie Lob und/oder Prämien? Für uns Lehrer sind das eindeutig die Schüler! Wir verbringen nicht nur die meiste Zeit mit ihnen, wir erhalten von ihnen auch die meisten Rückmeldungen. Wenn es uns in der Klasse gut geht, dann sind das schon 90 Prozent des Erfolgs. Den kann uns keine Direktion nehmen und keine Administration vermiesen!.

▶ Tipp 75

Umgekehrt können uns weder ein Erlass des Ministeriums noch eine Anweisung der Schulleitung den Erfolg in der Klasse garantieren (Tipp 75). Es ist jede einzelne Klasse, die den Erfolg Ihrer Arbeit bestimmt. Das beginnt beim Gruppenklima, geht über die Interessen der Schüler bis hin zur Einstellung der Eltern (Tipp 92). Und wie jeder Chef hat auch jede Klasse ihre Eigenheiten.

▶ Tipp 92

Chefs wollen überzeugt werden

Viele Chefs tun sich mit der Beurteilung ihrer Mitarbeiter schwer, wenn sie sich nicht an Kennzahlen halten können. Noch schwerer fällt es den Schülern, die wahre Qualität eines Lehrers zu erkennen. Deshalb ist es notwendig, dass Sie immer wieder Werbung für sich machen.

Gleich mal ausprobieren

▪ Sagen Sie der Klasse ab und zu, dass Sie sie gern unterrichten.
▪ Betonen Sie bei Lernzielen auch, wie toll es ist, das zu können.
▪ Erzählen Sie, wie überdurchschnittlich gut Sie das eine oder andere können.

▶ Tipp 82

Es soll Ihnen nicht darum gehen, der Klasse zu gefallen, – wie es nicht die Pflicht der Schüler ist, uns Lehrern zu gefallen. Doch sollen die Schüler sehr wohl zu dem Urteil kommen, dass Ihr Unterricht gut ist (Tipp 82). Übrigens ist die überwiegende Mehrheit der Schüler in Deutschland mit dem Unterricht ihrer Lehrer zufrieden bis sehr zufrieden. Und darauf kommt es doch an, oder? (siehe: http://www.tns-infratest-sofo.com/downloads/schule-eltern.pdf)

23

Die Meinung der Schüler über Sie entsteht im Unterricht, den Sie gestalten. Es ist durchaus professionell, auf die Urteilsbildung der Kinder und Jugendlichen Einfluss zu nehmen. Erklären Sie den Schülern immer wieder die Qualität Ihrer Unterrichtsgestaltung und die Vorteile, die dadurch für sie selbst entstehen: schnelles, nachhaltiges und individuelles Lernen.

Das Urteil der Schüler über Sie ist in vielen Fällen sicherlich ungerecht, unsachlich und noch dazu unausweichlich – doch es ist auch veränderbar! Wenn Sie spüren, dass eine Klasse Ihren Unterricht schlecht beurteilt, dann sollten Sie handeln. Tun Sie nichts, kostet Sie das jede Woche Nerven und verfestigt die unangenehme Situation. Deshalb sollten Sie der Klasse erklären, wie wichtig und richtig Ihr Unterricht ist. Doch wirklichen Erfolg haben Sie erst, wenn Sie herausfinden, was der Klasse mehr zusagt – andere Methoden, andere Inhalte, andere Rituale. Meist müssen Sie nur für etwas mehr Abwechslung und Herausforderung sorgen, um Interesse zu wecken (Tipp 58). Jedenfalls reichen kleine, nicht allzu aufwändige Gestaltungsänderungen, um nach Meinung der Schüler besseren Unterricht zu machen.

Urteile sind beeinflussbar

❯ Tipp 58

Gleich mal ausprobieren

- Kündigen Sie eine Verbesserung Ihres Unterrichts an.
- Weisen Sie die Schüler während der Durchführung der jeweiligen Maßnahme darauf hin.
- Holen Sie unmittelbar danach das Feedback und Lob der Schüler ein.

Damit machen Sie den Schülern bewusst, wie sehr Sie um die Qualität Ihrer Arbeit bemüht sind. Wenn Sie dafür Lob einfordern, bleibt bei den Schülern ein Gefühl der Dankbarkeit und Achtung in Erinnerung.

24

Wie jeder Chef können auch Schüler absurde Anforderungen stellen. Diese müssen Sie auf jeden Fall zurückweisen, denn Sie sind als Profi nicht für alles zu haben – ob es sich nun um eine faule Klasse handelt, die Sie gern zu einem Wir-tun-so-als-ob-Unterricht überreden will, oder um eine wilde, die sich am liebsten auf einem Abenteuerspielplatz wiederfände. Genauso unangenehm sind Klassen, die rundum versorgt und unterhalten werden wollen. Sagen Sie Nein und diskutieren Sie darüber.

Sagen Sie Nein!

Gleich mal ausprobieren

- Weisen Sie unangemessene Ansprüche der Schüler zurück.
- Machen Sie diese im Unterricht zum Thema.
- Offenbaren Sie Ihre eigenen Ansprüche an sich als Lehrer (Tipp 33).

❯ Tipp 33

Die Schüler sehen uns unzählige Stunden im Laufe eines Schuljahres, aber sie wissen nicht viel über unsere Arbeit. Es besteht die Hoffnung, dass sie uns gerechter beurteilen und ihre Ansprüche angemessener sind, wenn sie mehr Einblick in unsere Tätigkeit erhalten. In jedem Fall können sich die Schüler besser auf Sie einstellen, wenn sie Ihre Motivation für Ihren Beruf kennen. Die Schüler werden dann auch mehr von dem wissen wollen, was Ihnen bei Ihrer beruflichen Tätigkeit am Herzen liegt (Tipp 65) – womit Sie sich viel Anstrengung ersparen und von den „wirklichen Chefs" besser beurteilt werden.

❯ Tipp 65

VERANTWORTUNG ÜBERNEHMEN, ABER AUCH ZURÜCKWEISEN

25

Viele Lasten unserer Arbeit entstehen in Tätigkeitsbereichen, die außerhalb unseres Kernbereichs, der Unterrichtsgestaltung, liegen. Ich denke da z. B. an sozialpädagogische, psychotherapeutische, organisationsentwickelnde, leistungsselektierende, bildungsberatende, drogenaufklärende, medizinische, lebensberatende und juristische Aufgaben, die von vielen Seiten an uns herangetragen werden. Oftmals stellen auch wir selbst Forderungen an uns, die nur ein Fachmann der jeweiligen Disziplin wirklich erfüllen kann (Tipp 27).

❯Tipp 27
Profis sind nur für ihr Fachgebiet verantwortlich

Ein echter Profi aber lehnt Arbeiten ab, die er nicht qualifiziert ausführen kann. Welcher Installateur wird bei Ihnen neben der Erneuerung der Elektrik noch den Boden verlegen? Obwohl er das prinzipiell sicherlich könnte, wird er den Auftrag ablehnen. Und er geht noch weiter: Er übernimmt nicht einmal die Haftung dafür, dass Sie mit seinen Elektroinstallationen Energie sparen werden. Er berät Sie vielleicht, welche Handhabung der Installationen sinnvoll wäre, doch den Rest müssen Sie selbstverständlich selbst in die Hand nehmen.

Sie wollen, dass junge Menschen die Schule als gesundheitsbewusste, demokratische, bildungsfreundliche und mündige Staatsbürger verlassen? Ich teile diese Ziele mit Ihnen, aber wir sollten dafür niemals persönlich Verantwortung übernehmen! Bedenken Sie den Unterschied zwischen dem Verfolgen eines Ziels und der Verantwortung für dessen Erreichen. Wie der Elektriker nur für die technische Ausführung haftet und es Ihnen überlässt, in welchem Ausmaß Sie Energie sparen, so sind auch wir Lehrer nur für unser Tun verantwortlich. Die Schüler müssen ihre eigenen Entscheidungen treffen – auch die negativen. Nur zu gern würden sie die Verantwortung auf uns abwälzen. Doch wir können beim besten Willen niemanden zum Lernen zwingen, wir können niemanden zum Wohlverhalten zwingen, wir können unsere Schüler sicherlich nicht zu Erfolg in ihrem Leben zwingen – auch nicht mit den besten Erziehungstricks!

Gleich mal ausprobieren

- Um herauszufinden, für welche Ergebnisse hinsichtlich der Bildung und Erziehung Ihrer Schüler Sie verantwortlich sein möchten, grenzen Sie diese möglichst konkret ein.
- Fragen Sie sich, welche substanziellen Beiträge Sie durch Ihre Arbeit dazu professionell leisten können.
- Erklären Sie sich für alle anderen Gebiete zum Amateur und entledigen Sie sich der Verantwortung dafür.

SOS-Tipp

Ein gutes Schulklima benötigt gegenseitiges Verständnis und Mitgefühl – aber eben auch professionelle Selbstbeschränkung. Echte Hilfe kann nur von Profis auf dem betreffenden Gebiet kommen. Halten Sie sich aus allem anderen professionell heraus.

NICHT FÜR DAS SYSTEM LEIDEN

26

Die Regelschule ist nicht für alle Schüler gut – das ist zwar ein Missstand, aber den nehmen bitte nicht Sie auf sich! Wenn Sie eine psychotherapeutische Ader haben, dann räumen Sie dem Thema „Schülerleiden in der Regelschule" im Unterricht Platz ein. Ansonsten geben Sie einfach die Sprechstunden des Schulpsychologen bekannt. Als Lehrer sind Sie nicht für das psychische Wohlergehen der Schüler verantwortlich, auch nicht für deren Schwierigkeiten mit dem System Schule.

Viele Lehrer sind mit der Schulorganisation sehr unzufrieden, weil sie die Unzulänglichkeiten hautnah spüren. Der Stundenplan an sich lässt z. B. keine echten Projektarbeiten zu. Solange die Stundenglocke über das Schulhaus herrscht, müssen die Schüler und Lehrer eben auf viele Formen des Unterrichts verzichten. Aber sind wir wirklich verpflichtet, ▶ Tipp 41 dieses Defizit wettzumachen (Tipp 41)? Vielleicht können Sie Teile des Projektunterrichts realisieren, vielleicht Ansätze von forschendem Lernen. Dafür, dass solche Hybridformen im Ergebnis immer hinter dem Ideal zurückbleiben werden, sind nicht Sie verantwortlich. Hier unterscheiden sich Profis von Amateuren darin, dass Letztere die Zufriedenheit mit ihrer Arbeit im Lernerfolg der Schüler suchen. Als Profi aber übernehmen Sie die Verantwortung allein für die Unterrichtsgestaltung: Diese soll zu den Schülern und dem Thema passen. Sie muss aber auch den Rahmenbedingungen der Regelschule Tribut zollen. Unseren professionellen Einfluss auf das Lernergebnis legt die empirische Wissenschaft mit gerade einmal 20 bis 40 Prozent fest.

Ihr Verantwortungsbereich ist die Unterrichtsgestaltung

In jedem Fall beobachten die Schüler genau, wie Sie zum System Schule stehen. Am besten, Sie machen dies auch einmal zum Thema. Elfjährige wissen schon viel über den Umgang mit Zwängen. Sie verlangen von Ihnen nicht mehr eine totale Identifikation mit der existierenden Welt. Sie wissen auch, dass nicht jedem Schüler jede Umgebung zusagt und dass die Schulnoten nur einen Teil Ihres Könnens widerspiegeln.

Gleich mal ausprobieren

- Nehmen Sie die Unvollkommenheit der Schule nicht auf Ihre Schultern.
- Definieren Sie konkrete Aufgaben im und um den Unterricht herum, für die Sie wirklich die Verantwortung übernehmen können.
- Seien Sie stolz auf Ihre Erfolge, die diese vorab festgelegten Gebiete betreffen!

ENERGIEHAUSHALTTORTEN

27

Die Selbstuntersuchung zum Thema Burn-out nach A. Hillert (Hillert, 2007) kann Ihnen helfen, Ihren persönlichen Energieverbrauch bzw. -gewinn im Schulalltag unter die Lupe zu nehmen. Unterteilen Sie die folgenden beiden „Energietorten" anteilsmäßig.

Gleich mal ausprobieren

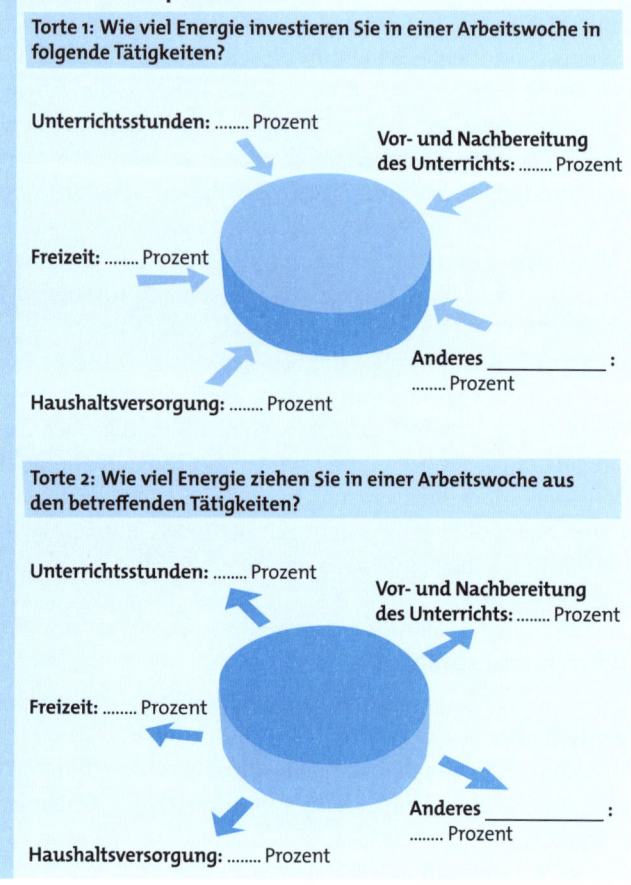

Torte 1: Wie viel Energie investieren Sie in einer Arbeitswoche in folgende Tätigkeiten?

Unterrichtsstunden: .... Prozent

Vor- und Nachbereitung des Unterrichts: .... Prozent

Freizeit: .... Prozent

Anderes _____ : .... Prozent

Haushaltsversorgung: .... Prozent

Torte 2: Wie viel Energie ziehen Sie in einer Arbeitswoche aus den betreffenden Tätigkeiten?

Unterrichtsstunden: .... Prozent

Vor- und Nachbereitung des Unterrichts: .... Prozent

Freizeit: .... Prozent

Anderes _____ : .... Prozent

Haushaltsversorgung: .... Prozent

Sie sehen sofort, aus welchem Bereich Sie mehr Nutzen ziehen als Sie investieren und umgekehrt. Dabei gibt es kein „gesundes Verhältnis" von beidem. Für einen Idealisten ist es beispielsweise angemessen, in die Schule viel zu investieren und in der Freizeit mehr aufzutanken (Tipp 34). Sie müssen selbst abschätzen, welche Anteile und Verhältnisse für Sie gut sind. Die Energietorte hilft dabei, diese Überlegung visuell zu konkretisieren.

➤ Tipp 34

28

Einige wenige Berufe haben es an sich, dass ein jeder genau zu wissen glaubt, wie sie auszuüben sind. Das ist beim Fußball so und das ist bei der Schule nicht anders. Daher laufen viele Diskussionen über die Schule zwischen Lehrern und Nichtlehrern derart schief (Tipp 95). Das Gute an der Sache ist, dass unsere Arbeit viele Menschen interessiert. Alle haben selbst viel Zeit in Schulen verbracht und manche widmen sich nun als Eltern intensiv dem schulischen Geschehen. Den Fußballprofis ist es ja auch lieber, dass viele Fans über sie reden, als dass die Stadien leer bleiben. Zaungäste gehören zu einem Geschäft mit Massenpublikum dazu.

Wir Lehrer wissen, dass nur wenige Nichtlehrer eine ganze Unterrichtswoche überstehen würden. Eine einzelne Stunde würde ihnen vielleicht gelingen, weil sie sich noch auf die Neugier der Schüler stützen könnten. Doch spätestens bei der dritten Stunde zeigt sich, wer es wirklich „draufhat"! Wer kann dann noch Interesse wecken, die Führung in der Klasse übernehmen und die Souveränität behalten? Sie können das, weil Sie ein Profi sind.

> Tipp 95

Nur wir Profis „haben's drauf"!

Um die Ecke gedacht

Jeder kann einen Boden verlegen, aber nur der Bodenleger kann das mit sämtlichen Materialien und meistert auch schiefe Wände und unregelmäßige Estriche. Wir können guten Unterricht auch in schwierigen Klassen und angesichts suboptimaler Ausstattung halten. Das können Nichtpädagogen nicht. Und darauf können Sie stolz sein!

Gleich mal ausprobieren

Machen Sie sich immer wieder Folgendes bewusst:
Wir Lehrer sind Profis, weil wir guten Unterricht
- stetig,
- unter wechselnden Bedingungen,
- in schwierigen Situationen und
- auf dem aktuellsten Stand der Wissenschaft halten können.

29

**Qualitäts-
kriterien
für guten
Unterricht**

Was ist eigentlich guter Unterricht? Welche Unterrichtsgestaltung ist erfolgreich? Hilbert Meyer (Meyer 2004) beschreibt guten Unterricht als einen Unterricht, in dem

1. im Rahmen einer demokratischen Unterrichtskultur,
2. auf der Grundlage des Erziehungsauftrages
3. und mit dem Ziel eines gelingenden Arbeitsbündnisses
4. eine sinnstiftende Orientierung
5. und ein Beitrag zur nachhaltigen Kompetenzentwicklung
aller Schüler geleistet wird.

**Unterrichten ist
komplex**

Das ist mehr als „einfach ein guter Lehrer sein" oder „die
Klasse im Griff haben". Es ist ein Hinweis auf die Komple-
xität unserer Arbeit. Die genannten Kriterien sind zunächst
Absichten, die von Amateuren und Profis geteilt werden
dürften. Sie müssen im nächsten Schritt umgesetzt werden.
Kann man konkret sagen, was guten Unterricht ausmacht?

❯Tipp 30

Kann unser Handeln objektiv beurteilt werden (Tipp 30)?
Woran kann auch das mitdiskutierende Publikum erkennen, dass hier guter Unterricht stattfindet?

Im Folgenden werden zehn Merkmale guten Unterrichts
genannt (Hilbert Meyers Kriterienmix):

- Klare Strukturierung des Unterrichts (Prozess-, Ziel- und
  Inhaltsklarheit; Rollenklarheit, Absprache von Regeln,
  Ritualen und Freiräumen)
- Hoher Anteil echter Lernzeit (durch gutes Zeitmanage-
  ment, Pünktlichkeit; Auslagerung von Organisationsar-
  beit; Rhythmisierung des Tagesablaufs)
- Lernförderliches Klima (durch gegenseitigen Respekt,
  verlässlich eingehaltene Regeln, Verantwortungsüber-
  nahme, Gerechtigkeit und Fürsorge)
- Inhaltliche Klarheit (durch Verständlichkeit der Aufgabenstellung, Plausibilität des thematischen Gangs, Klarheit und Verbindlichkeit der Ergebnissicherung)
- Sinnstiftendes Kommunizieren (durch Planungsbeteili-
  gung, Gesprächskultur, Sinnkonferenzen, Lerntagebü-
  cher und Schülerfeedback)

- Methodenvielfalt (Reichtum an Inszenierungstechniken; Vielfalt der Handlungsmuster; Variabilität der Verlaufsformen und Ausbalancieren der methodischen Großformen)
- Individuelles Fördern (durch Freiräume, Geduld und Zeit; durch innere Differenzierung und Integration; durch individuelle Lernstandsanalysen und abgestimmte Förderpläne; besondere Förderung von Schülern aus Risikogruppen)
- Intelligentes Üben (durch Bewusstmachen von Lernstrategien, passgenaue Übungsaufträge, gezielte Hilfestellungen und wohlwollende Rahmenbedingungen)
- Transparente Leistungserwartungen (durch ein an den Richtlinien/Bildungsstandards orientiertes, dem Leistungsvermögen der Schüler entsprechendes Lernangebot und zügige, förderorientierte Rückmeldungen zum Lernfortschritt)
- Vorbereitete Umgebung (durch gute Ordnung, funktionale Einrichtung und brauchbares Lernwerkzeug)

Sie sehen, dass sich viele Kriterien überschneiden, manche sogar auseinandergehen. Das spiegelt auch die Erfahrung der Wissenschaft bei Best-Practice-Untersuchungen wider: Etliche Wege führen zum Ziel. In gutem Unterricht, das meinen jedenfalls viele Autoren, mögen einzelne Kriterien stark betont werden, doch wird kein einziges gänzlich vernachlässigt. Forschendes Lernen z. B. braucht weniger Struktur, kann aber doch nicht darauf verzichten. Programmierter Unterricht wird ohne einen kleinen Anteil an Sinnstiftung nicht auskommen. Unterrichten ist eben eine sehr komplexe Aufgabe.

Verschiedene Wege führen zum Ziel

Wenn Sie über Ihren Unterricht nachdenken, erkennen Sie mit Sicherheit viele Ihrer konkreten Handlungen in den Unterrichtsmerkmalen wieder. Denken Sie nicht wie ein Statistiker: Der Unterricht, der in allen Kriterien viele Punkte sammelt, ist nicht unbedingt der bessere. Es gibt keinen optimalen Unterricht. Die Stärkung eines Merkmals kann ein anderes schwächen – jedoch den Unterricht verbessern.

Es gibt keinen optimalen Unterricht

Sind Sie mit den Kriterien einverstanden? Wollen Sie, dass Ihr Unterricht anhand dieser Kriterien gemessen wird? Ich auf jeden Fall. Meine Unterrichtsgestaltung ist das, wofür ich gern Verantwortung übernehme. Keine Verantwortung habe ich für die Leistungsfähigkeit meiner Schüler. Ich erbringe den Input, der, so hoffen wir alle, guten Output liefert.

Gleich mal ausprobieren

Beurteilen Sie beispielhaft eine konkrete Stunde, an die Sie sich gut erinnern können:

Klare Strukturierung	++	+	+−	−	−−
Hoher Anteil echter Lernzeit	++	+	+−	−	−−
Lernförderliches Klima	++	+	+−	−	−−
Inhaltliche Klarheit	++	+	+−	−	−−
Sinnstiftendes Kommunizieren	++	+	+−	−	−−
Methodenvielfalt	++	+	+−	−	−−
Individuelles Fördern	++	+	+−	−	−−
Intelligentes Üben	++	+	+−	−	−−
Transparente Leistungs- erwartungen	++	+	+−	−	−−
Vorbereitete Umgebung	++	+	+−	−	−−

30

Bisher gibt es keine objektiven Messverfahren zu den in (Tipp 29) genannten Kriterien für guten Unterricht. Das halte ich für einen großen Missstand. Wir sollten als Berufsgruppe darauf pochen, dass gute Messverfahren entwickelt werden, mit denen unsere Arbeit qualifiziert beurteilt werden kann. Ich bin sicher, dass ein objektives und anerkanntes Verfahren unsere Arbeitszufriedenheit erhöhen würde.

Aber sind nicht PIRLS, TIMSS, PISA usw. objektive Messverfahren unserer Arbeit? Nein, denn sie messen den Lernerfolg der Schüler, der nur zu 20 bis 40 Prozent von der Qualität des Unterrichts abhängt. Außerdem werden die Ergebnisse von der jeweiligen Tagesverfassung der Schüler so stark verzerrt, dass individuelle, klassenweite und schulweite Ergebnisse nicht aussagekräftig sind. Übrig bleiben schwammige Vergleiche zwischen den Ländern.

Lernerfolg ist kein Gradmesser für guten Unterricht

Die lange Auswertungsdauer der Standardtests vernichtet zudem jeden Nutzen für die Schüler. Man kann mit den Ergebnissen Ranglisten in Form von dreidimensionalen Diagrammen erstellen, doch die Tests messen die Qualität von Unterricht genauso treffsicher wie ein Thermometer den Bewölkungsgrad. Apropos – viel aufschlussreicher ist diesbezüglich die Methode „Unterrichtsthermometer".

Methode „Unterrichtsthermometer"

Gleich mal ausprobieren

- Zeichnen Sie am Ende der Stunde ein großes Thermometer an die Tafel.
- Jeder Schüler soll in Form einer Temperaturangabe eintragen, wie erfolgreich die Stunde für ihn war.
- So kommen Sie im Handumdrehen zu differenziertem Feedback.

31

GUTE ARBEIT BRAUCHT MASS UND ZIEL

Wer unterrichtet, kennt folgende unzufriedene Gefühle nur allzu gut: Immer hätte man noch etwas verbessern können, nie ist das Optimum erreicht. Dabei macht sich jeder Lehrer den Druck selbst – geschürt von einer Erlasspraxis des Arbeitgebers, die von uns „volle Hingabe" erwartet (Tipp 75). Die selbstkritische und leistungsbereite Einstellung bringt uns viel Erfolg in der Klasse ein, doch ein wenig Zügelung täte uns gut. Objektiv ist dieser Arbeitsdruck viel zu groß: Burn-out und Frühpension aus Krankheitsgründen sind für 80 Prozent der Lehrer eine reale Gefahr! Ein Umstand, der untragbar ist.

> Tipp 75

„Hingabe" zügeln

Um die Ecke gedacht

Denken Sie an Olympialimits: Wer die schafft, ist dabei, und Dabeisein ist bekanntlich alles. Die Anforderungen, um bei Olympia schließlich auf dem Treppchen zu stehen, sind dann ganz andere als bei der Erbringung des Limits. Bin ich gut genug, um meinen Dienstposten verdient zu haben? Die Antwort hängt für viele von uns aufgrund übergroßer Selbstkritik in der Luft. Doch letztlich ist sie klar: Ja, Sie haben das Limit geschafft und sind qualifiziert. Die zehn Kriterien aus Tipp 29 vertragen keine Optimierung, denn gut ist gut genug. Dabeisein ist alles. Um die Medaillen müssen nicht immer alle mitkämpfen.

> Tipp 29

Gleich mal ausprobieren

- Unterrichten Sie eine Woche lang nach dem Motto „Gut ist gut genug!".
- Verzichten Sie auf eine besondere Vorbereitung.
- Benutzen Sie nur die vorhandenen Lehrmaterialien (Buch, Tafel, Heft, evtl. Schauplakat aus dem Bestand der Schule).

Wie müde sind Sie am Freitagabend?

ENERGIERESERVEN FÜR UNVORHERGESEHENES BEREITHALTEN

Misslungene Stunden sind normal

32

Im Laufe einer jeden Schulwoche gelingen einzelne Stunden überhaupt nicht. Das ist ganz normal und kein Grund für ein schlechtes Gewissen. Im Gegenteil: Die besondere Anstrengung während solcher Stunden, wenn man versucht, das Ruder noch einmal herumzureißen, und der Ärger danach verbrauchen viel Energie. Wenn Sie noch eine stressbeladene Woche vor sich haben, dann zehrt schon eine misslungene Stunde an Ihren Reserven. Darunter leiden in der Folge auch alle anderen Stunden.

Gleich mal ausprobieren

- Notieren Sie sich eine Woche lang, wie viele Stunden – aus welchem Grund auch immer – nicht geklappt haben.
- Reservieren Sie in den nächsten Wochenplänen 45 Minuten pro misslungener Stunde für Gespräche mit Kollegen (Tipp 66), Analyse, Entspannung und Vorbereitung.

▶ Tipp 66

- Zweigen Sie diese Zeit von Ihren Tätigkeiten, die Sie neben der normalen Unterrichtsarbeit leisten, ab.

Auch wenn Ihnen Ihr besonderes Engagement viel Befriedigung bringt, darf es nicht an Ihre Substanz gehen. Nach jeder intensiven Arbeitswoche brauchen Sie eine ruhige: Es ist immer wieder ein befreiendes Erlebnis, wenn eine Unterrichtswoche ohne besondere Anstrengungen gut gelingt. Bereiten Sie nur dann sehr aufwändige Stunden vor, wenn Sie überschüssige Energie haben. Achten Sie auf Ihre Energiereserven (Tipp 64). Nur so können Sie die Qualität Ihres Unterrichts über lange Zeit sichern. Die Schüler profitieren nicht von ausgebrannten Lehrern. Geht es Ihnen aber gut, dann geht es auch den Schüler gut.

Extras nur ohne Substanzverlust

▶ Tipp 64

33

Ich selbst denke kaum an meine Schulzeit zurück, aber dennoch findet sich in meinen Vorstellungen das Idealbild eines Lehrers: Ich sehe diesen Mann vorn stehen, lebendig redend, ein wenig hin- und hergehend. Hinter ihm eine große grüne Tafel vor holzvertäfelter Wand. Er hat meine volle Aufmerksamkeit. Seine Worte interessieren mich – in meiner Vision ist aber kein Ton. Immer wieder ermahnt er einzelne Schüler. Ich sitze da und lausche. Ich lerne.

Eigenartigerweise gestalte ich meinen Unterricht nicht nach diesem Modell. Zu meinem Stil passt der vortragende und alles beherrschende Lehrer nicht. In seiner Rolle würde ich nicht viel erreichen. Ich habe kein passendes Lehrerideal vor Augen, das meinen eigenen Stärken entspricht. Ich kann nicht von einem Vorbild schwärmen, das ich nachahmen will.

Scharfes Selbstbild statt nebligem Ideal

Jeder von uns braucht ein scharfes Bild von sich selbst – nicht eine neblige Idealvorstellung aus der eigenen Schulzeit. Im Lehramtsstudium beschränken sich die Pädagogikprofessoren darauf, die bekannten Führungsstile vorzutragen und sie abzuprüfen. Ihre Aufgabe wäre es aber vielmehr, die Lehramtsstudenten in einen Prozess der Selbstklärung zu führen. Man sollte im Studium auf akademischem Niveau über „Idealbilder" aus der Schulzeit diskutieren. Aufgrund dieses Defizits jedoch eifern junge Lehrer oft einem Vorbild nach, das ihnen selbst gar nicht entspricht.

Berufsfremde dürfen vorgefasste Meinungen davon haben, was einen guten Lehrer ausmacht. Profis jedoch sollten nicht einem Ideal nacheifern, sondern ihre eigenen Qualitäten kennen (Tipp 34). Wir selbst sind „gute Lehrer" – so wie wir sind (Tipp 65).

❯ Tipp 34
❯ Tipp 65

Der Aufwand, sein Lehrerideal an die eigenen Qualitäten anzupassen, lohnt sich!

Niemand kann in unserem Beruf die Diskussionen, durch die das ferne Ideal gegen den eigenen Weg ausgetauscht wird, meiden. Wir sind von den Schülern so oft als ganze Person gefordert, dass wir ohne eigenes Profil einem Treibholz gleich an die Klippen gespült werden. Ein blind übernommenes Ideal gibt zwar einen festen Kurs vor, doch führt der über eigene Untiefen. Im Studium sollte Zeit dafür sein, sich einen besseren Kurs zu überlegen (Tipp 40). Im Berufsalltag wird dies dann zu Recht als sehr aufwändig und belastend empfunden und meist vermieden. Doch für den Aufwand, das eigene Lehrerideal an die persönlichen Qualitäten anzupassen, spricht, dass das Unterrichten dann wesentlich weniger anstrengend ist, als wenn man sich ständig verbiegt.

❯ Tipp 40

Gleich mal ausprobieren

Schreiben Sie jede Frage auf ein extra Blatt:
- Was kann ich gut?
- Was mache ich im Beruf gern?
- Was gelingt einfach nicht?
- Wo kenne ich mich nicht gut aus?
- Worin besteht eigentlich meine Aufgabe in diesem Beruf?

Hängen Sie die Blätter für eine Woche zu Hause auf und schreiben Sie jeden Gedanken, der Ihnen zu den Fragen durch den Kopf geht, darauf.

Es geht dabei nicht um eine psychologische Analyse oder eine akademische Kategorisierung, sondern um die Schärfung Ihres eigenen Profils (Tipp 38). So wie Sie sind, mit Ihren Stärken und Schwächen, sind Sie eine Bereicherung für die Schule. Schüler und Kollegen brauchen Lehrer, die sich auf der Basis eines realistischen Selbstbildes entwickeln. Intensive Diskussionen mit Kollegen über unsere persönlichen Vorlieben und Stärken können diese schärfen und greifbarer machen (Tipp 66).

❯ Tipp 38

❯ Tipp 66

FÜNF GEBOTE DER ZUFRIEDENHEIT

34

Zufriedenheit bestimmt den individuellen Gesundheitszustand entscheidend mit. Zufriedene Menschen haben leichter Erfolg. Aber wie ankämpfen gegen die Unzufriedenheit mit sich, dem Unterricht, der Schulverwaltung usw.? Unabhängig von seinem Unterrichtsstil und seinen Zielen, macht einen guten Lehrer aus, dass er seine Arbeit nach diesen Leitsätzen weiterentwickelt:

❯ Tipp 35
1. Bilde dich, wo du es brauchst (Tipp 35).

❯ Tipp 36
2. Meide Situationen, in denen du schlecht abschneidest (Tipp 36).

❯ Tipp 37
3. Mache im Unterricht, was dich interessiert (Tipp 37).

❯ Tipp 38
4. Mache besonders oft, was du gut kannst (Tipp 38).

5. Überlege dir, was du wirklich bewegen willst und musst
❯ Tipp 40
(Tipp 40).

❯ Tipp 39
Arbeiten Sie an Ihrer Fachkompetenz, leben Sie mit Ihren Defiziten, machen Sie Platz für Ihre Interessen, bauen Sie auf Ihre Stärken (Tipp 39) und definieren Sie Ihre Ziele. Egal, in welchem Dienstjahr Sie sich befinden, mit den fünf Leitsätzen sorgen Sie zugleich für guten Unterricht und Ihr Wohlbefinden.

KOMPETENZ ERWEITERN

35

Lehrer sind keine lebenden Enzykliken, aber Fachkompetenz ist hilfreich. Und Wissen über Kommunikation, Methodik, Gruppendynamik usw. hilft ebenfalls. Auf welchem Gebiet auch immer Sie sich unsicher fühlen, besuchen Sie ein Seminar, lesen Sie Bücher, investieren Sie in sich. Sie werden im Laufe eines Schuljahres mit unzähligen Stoffgebieten konfrontiert. Vielleicht glauben manche Leute, dass Lehrer im Studium den gesamten Stoff erlernen, den sie in den nächsten dreißig Jahren unterrichten: als Wikipedia-Roboter quasi. Das wäre allerdings ein Bore-out-Albtraum.

Lehrer sind keine Wikipedia-Roboter

SOS-Tipp

Zu einem Albtraum kann auch die Situation für Sie werden, wenn in jeder Klasse ein neues Stoffgebiet verlangt wird. Vieles spricht daher für die Praxis, den Unterricht in Parallelklassen in eine Hand zu legen. Gerade Anfänger müssen so weniger am Inhalt arbeiten, sondern können sich mehr der Didaktik widmen. Vor allem aber ist der Anreiz höher, sich inhaltlich gut auf den Stoff vorzubereiten: Es steht einem dafür mehr Zeit zur Verfügung und die Kompetenz kommt mehr Schülern zugute.

Gleich mal ausprobieren

- Überlegen Sie sich, auf welchen Gebieten Sie gern mehr Kompetenz hätten.
- Wählen Sie daraus ein Gebiet aus, dem Sie sich im kommenden Schuljahr widmen (Tipp 42).
❭ Tipp 42
- Vielleicht finden Sie bezüglich des Kompetenzgebiets ein Zertifikat, eine Prüfung o. Ä. als zusätzliche Lernmotivation.
- Vielleicht gewinnen Sie einen Kollegen für Ihr Thema, sodass Sie es sich gemeinsam erarbeiten können (Tipp 66).
❭ Tipp 66

Nehmen Sie sich für die letzten zwei Monate des Schuljahres nicht viel vor. Dann bleibt Ihnen nach der Fächerverteilung bis zum Schuljahresanfang genügend Zeit, die neuen Stoffgebiete und darin bewanderte Kollegen kennenzulernen. Erarbeiten Sie einen Plan, wie und wann Sie zu dem nötigen Wissen kommen. Das wird Sie zu Schuljahresbeginn deutlich entlasten.

Wissenserwerb für das kommende Schuljahr schon zum Ende des vorherigen planen

36

Zu den eigenen Defiziten stehen

Vorbild im Umgang mit Schwächen sein

Defizite sind o.k. – sind sie das wirklich? Bei uns Lehrern, die wir ständig begutachtet werden? Am liebsten hätte ich keine einzige Schwäche. Und nicht zu jedem meiner Unvermögen kann ich stehen oder darüber mit anderen lachen. Und gewiss ist, dass gerade diese Schwächen zum unpassendsten Zeitpunkt in Erscheinung treten.

Die Defizite, zu denen wir stehen, machen uns keine Sorgen. Defizite, die uns peinlich sind, können in der Schule jedoch unangenehm werden. Man kann mich diesbezüglich beleidigen, einen wunden Punkt bei mir treffen, mich aus der Fassung bringen. Das kann auch mitten in der Unterrichtsstunde passieren.

Sind Defizite o.k.? Sicherlich leidet der Unterricht unter meinen Schwächen. Er leidet aber auch unter den Schwächen der Schüler, den Schwächen der Schulausstattung usw. Stoppen wir das Gejammer und sehen wir der Realität ins Auge: Defizite sind o.k., weil die Kinder und Jugendlichen von Erwachsenen lernen sollen, wie man mit Schwächen umgeht. Das können sie aber nur von Erwachsenen, die über ihre Anstrengungen, Fehlschläge und ihr Unvermögen sprechen. Zusätzlich müssen die Schüler lernen, dass sie nicht mit jeder Lehrperson über jedes Thema reden können. Sich auf die richtige Distanz einstellen zu können, ist eine wichtige soziale Kompetenz. Folglich müssen Sie eine Grenzüberschreitung der Schüler nicht überspielen, sondern können Ihre Betroffenheit zeigen und damit die Distanz wieder erhöhen (Tipp 90).

▶ Tipp 90

▶ Tipp 38, 39

Defizite sind zudem o.k., weil Ihre Stärken viel wichtiger sind (Tipp 38, 39). Sie fühlen sich bei vielen Unterrichtsmethoden wohl und haben Erfolge. Anderes gelingt dafür nie so richtig. Und das ist in Ordnung.

Gleich mal ausprobieren

- Identifizieren Sie Unterrichtsmethoden und Situationen, in denen Sie schlecht abschneiden.
- Vermeiden Sie diese in Zukunft.

Wer nicht fesselnd vortragen kann, sollte einfach auf mündlichen Stoffvortrag verzichten. Wer an der Tafel undeutlich schreibt, wird auf Folien zurückgreifen. Wem Gruppenarbeiten nicht gelingen, der sollte es bei Partnerarbeiten belassen. Die Schüler schätzen unsere Professionalität, die sich auch darin ausdrückt, dass wir die Situationen meiden, die wir nicht so gut handhaben können.

Vermeiden ist gut!

Sicher sollen Sie immer wieder etwas Neues ausprobieren, um sich und Ihre Fähigkeiten besser kennenzulernen. Doch wenn Sie merken, dass Ihnen ein Vorhaben wiederholt misslingt, dann hören Sie einfach auf damit. Es gibt immer einen anderen Weg.

INTERESSE EINBRINGEN

37

Ein besonderer Vorteil unseres Berufs ist es, dass die Inhalte, die uns interessieren, viel Raum einnehmen. Wir alle haben Fächer gewählt, die wir lieben und die uns stets aufs Neue faszinieren (Tipp 64). Hinzu kommt noch das weite Feld der Didaktik, in dem es immer wieder etwas zu entdecken gibt. Wir können sehr oft Dinge umsetzen, die uns interessieren – wir müssen es nur tun.

❯ Tipp 64

Sie kennen dieses elektrisierende Gefühl der Vorfreude auf eines Ihrer Lieblingsthemen oder auf eine spannende Unterrichtsmethode. Sie wissen, dass Ihnen diese Stunde besonders gut gelingen wird. Sie werden besser sein denn je! Es ist Ihr Interesse, das den Funken der Begeisterung auf die Schüler überspringen lässt. Selbst Missfallensbekundungen einzelner Schüler können Ihnen dann nicht viel anhaben.

Ihr Interesse begeistert!

Ganz anders geht es einem in Stunden, in denen man das Kapitel nur mehr durchpeitschen will: Da bringen einen schon die kleinsten Undiszipliniertheiten ins Wanken. Im Rückblick gesehen war einem der Stoff dieser Stunden selbst nicht so wichtig. Eine solche Pflichtübung kostet viel Energie, verursacht Stress und Ermahnungen. Und vor allem kann man die Schüler auf diese Weise nicht dazu anleiten, die eigenen Interessen wertzuschätzen und zu entwickeln.

Unterricht darf nicht zur Pflicht-übung werden

Der Unterricht darf also nicht zur Pflichtübung werden! Sicherlich suggerieren die Lehrpläne, Prüfungsordnungen, Bildungsziele usw., dass wir Lehrer die darin festgelegten Inhalte bis ins kleinste Detail umsetzen sollen. Doch zeigen die Best-Practice-Beispiele, dass gute Lehrer das tun, was sie besonders gut können: Sie wenden Methoden an, die ihnen liegen, und sie setzen inhaltliche Schwerpunkte auf Themen, die sie selbst besonders interessieren (Tipp 20).

❯ Tipp 20

Es ist unsere Aufgabe, unsere persönlichen Interessen wachzuhalten. Trotz aller Steine, die uns durch die Schulverwaltung immer wieder in den Weg gelegt werden, entscheiden doch wir selbst, ob das eigene Interesse mehr zählt als die Pflichterfüllung.

Gleich mal ausprobieren

Suchen Sie Inhalte im Lehrplan, die sich mit Ihren Interessen überschneiden. Finden Sie keinen Anknüpfungspunkt, dann eignet sich sicherlich eines der vielen Unterrichtsprinzipien wie Gleichberechtigung, Mündigkeit, Selbstständigkeit, Umweltschutz usw. zur Begründung Ihrer Stoffauswahl.

Denken Sie ganz egoistisch: Es ist Ihr Unterricht und nicht der des Ministeriums. Sie werden nur dann erfüllende Stunden halten, wenn Sie viel von dem behandeln, was Sie interessiert (Tipp 3).

❯ Tipp 3

Leben Sie Ihr pädagogisches Interesse!

Zum thematischen Interesse kommt natürlich auch das pädagogische: Was interessiert Sie an den Schülern? Inwiefern möchten Sie auf sie einwirken? Auf ihr Wissen, ihre Art zu denken, ihr Benehmen? Interessieren Sie ihre Lebensgeschichten? Wenn Sie das gegenseitige Zuhören stärken wollen, dann bieten sich natürlich andere Übungen an als für die Lesekompetenz. Organisieren Sie die Stunden nach Ihrem pädagogischen Interesse.

Was können Sie gut? Haben Sie sich in letzter Zeit überlegt, worin Ihre Stärken bestehen? Jede Lehrperson braucht das Wissen um ihre Stärken. „Sie können gut erklären", sagen mir die Schüler oft. Folglich plane ich Stunden, die viele Fragezeichen in den Köpfen der Schüler entstehen lassen. „Können Sie mir das erklären?" – „Ja, das kann ich gut." Der Dank ist mir sicher – und das mit wenig Anstrengung.

Unterrichten ist eine persönliche Dienstleistung, deren Qualität gerade in den Stärken der dienstleistenden Person liegt (Tipp 20). Im Kontakt zu den Schülern punkten wir nicht mit standardisierter Leistung, sondern mit unseren persönlichen Stärken. Während in Didaktikseminaren intensiv über Gebote und Sündenregister der Unterrichtsgestaltung diskutiert wird, bedarf es für einen gelungenen Unterricht weniger der Pflichterfüllung als der Selbsteinschätzung und Eigenerfahrung. Wenn sich die Lehramtsstudenten charakterlich an die ideale Unterrichtsmethode anpassen, werden viele Talente brach liegen gelassen.

Es lohnt sich, immer wieder die eigenen Stärken in den Blick zu nehmen: Nutzen Sie als erste Informationsquelle Ihre Schüler. Fragen Sie sie, was sie an Ihnen am meisten schätzen (Tipp 55). Für eine tiefer gehende Betrachtung Ihrer Stärken benötigen Sie Kollegen, die Sie in Ihrem Auftrag beim Unterrichten beobachten (Tipp 66). Nutzen Sie eventuelle Teamteaching-Stunden auch für diesen Zweck.

❯ Tipp 20

Selbsteinschätzung und Eigenerfahrung sind wichtig

❯ Tipp 55

❯ Tipp 66

Gleich mal ausprobieren

▬ Machen Sie einen Selbsttest, wie beispielsweise den VIA-Online-Test zu Signaturstärken von Dr. Martin Seligman (http://www.authentichappiness.sas.upenn.edu). Mit diesen Ergebnissen fällt es Ihnen sicherlich leicht, Ihre Top-Stärken wieder in den Fokus zu bekommen.

▬ Finden Sie die Unterrichtsformen, die Ihre Stärken betonen.

Begeben Sie sich in der vielfältigen didaktischen Literatur auf die Suche nach passenden Unterrichtsmethoden und probieren Sie diese aus. Es stimmt schon: Das bedeutet eine zusätzliche Belastung für Ihren Arbeitsalltag. Vielleicht sollten Sie mit einer neuen Methode pro Schuljahr beginnen. Dann werden Sie sicherlich Geschmack daran finden und immer mehr Stunden nach Ihren Stärken ausrichten. Damit verbessern Sie Ihre Zufriedenheit und – quasi als Nebenprodukt – auch die Qualität Ihres Unterrichts.

Eine neue Methode pro Schuljahr

SICH SELBST EIN STÄRKEN-ZERTIFIKAT AUSSTELLEN

39

Nehmen Sie sich regelmäßig Zeit – z. B. alle zwei Jahre –, Ihre Stärken auszuformulieren. Stellen Sie sich selbst ein Zertifikat für Ihre Stärken aus.

Sie werden die unten genannten Fragen genauer beantworten können, wenn Sie immer mehr Ihre Stärken und Wünsche im Unterricht einbringen. Dies wird dazu führen, dass Sie fröhlich und unbeschwert aus jedem Arbeitstag gehen (Tipp 1). Stärken Sie Ihre Stärken und realisieren Sie Ihre Träume von Unterricht (Tipp 18)! Solange Sie Ihre Schwächen zukitten, arbeiten Sie gegen sich.

❯ Tipp 1
❯ Tipp 18

Gleich mal ausprobieren

Beantworten Sie die folgenden Fragen auf einem wertig wirkenden Papier:

- Worin bin ich in meinem Job gut?
- Welche Unterrichtssituationen machen mich glücklich?
- Was begeistert mich an der Einrichtung „Schule"?
- Welcher Umstand gibt mir das Gefühl, etwas zu leisten?
- Auf welche bisherigen Leistungen bin ich besonders stolz?
- Welche Situationen erlebe ich gern mit meinen Schülern?

40

Wir Lehrer sind in unserem Beruf mit Haut und Haaren gefordert und werden so zu Berufenen. Unseren Job kann man nicht ohne ein sehr persönliches großes Ziel ausüben. Für viele ist die Wissensvermittlung wichtig, für viele die Erziehung, für wieder andere die Gestaltung des Schulalltags, für eine weitere Gruppe die Erneuerung der Schule – und innerhalb dieser individuellen Schwerpunkte gibt es noch unzählige Facetten.

Schwierig ist dabei für uns Lehrer, dass es keine urteilende Instanz gibt, die uns immer wieder in unseren Anstrengungen bestärkt. Diese Freiheit verlangt von jedem, sich um die eigenen Ziele selbst zu kümmern. Sie müssen sich die Instanz, die Ihre Anstrengungen lobt und auf Ihre Ziele hin prüft, selbst suchen.

Ihre Ziele werden Sie dann anspornen und erfüllen, wenn Sie sie auf konkrete Tätigkeiten herunterbrechen können. Das verlangt immer wieder Nachdenkzeit und Gespräche mit vertrauten Personen (Tipp 66).

Jeder Lehrer hat seine eigenen Ziele

Sich selbst eine Instanz für die Zielkontrolle suchen

❯ Tipp 66

Gleich mal ausprobieren

- Wählen Sie ein „großes Ziel" von sich aus.
- Suchen Sie nach einer Autorität, deren Lob Sie bei Erreichen des Ziels gern hätten (geschätzte Kollegen, kompetente Fachleute, anerkannte Gremien usw.).
- Finden Sie Gleichgesinnte für erbauliche Utopie-Gespräche.
- Entdecken Sie, wie sich die Utopie in Ihren eigenen Handlungen spiegelt.

Es gibt nicht „den idealen Lehrer", aber es gibt Dinge, die Sie wirklich bewegen wollen. Es gibt Ihre persönlichen Ziele, die für Sie und die Schule wichtig sind. Hegen und pflegen Sie diese als einen wertvollen Mosaikstein des Gesamtbilds „Schule".

41

> Tipp 40

Wenn zwei ihrer Ideale bzw. Ziele (Tipp 40) miteinander in Konflikt geraten – wie z. B. die Selbstständigkeit der Schüler fördern und im Unterricht Ruhe herstellen –, dann lohnt es sich, genauer hinzuschauen. Welches Ziel bringt Ihnen Freude? Welches Ziel bringt ausschließlich Anstrengung mit sich? Nur die Ziele, die Sie wirklich erfüllen, rechtfertigen besondere Anstrengungen. Alle Kraft, die Sie für „aufgesetzte" Ziele verwenden, laugt Sie auf lange Sicht aus.

Aufgesetzte Ziele erkennen

Doch wie kann man erkennen, dass ein Ziel aufgesetzt ist? Sicherlich erleben Sie manchmal Momente bedrückender Anstrengung, in denen Sie sich überwinden müssen, den Schülern gegenüber eine bestimmte Rolle einzunehmen. Diese sind der beste Hinweis dafür, dass das dahinterliegende Ziel nicht mit Ihren Idealen übereinstimmt.

Es liegt in der Natur der Sache, dass sich jeder aus den vielen kursierenden Idealen und Zielen die attraktivsten heraussucht. Nur weil Sie ein Ideal verfolgen, heißt das aber noch nicht, dass es wirklich zu Ihnen passt. Ein Ziel, das Sie nur anstrengt und stets versagen lässt, müssen Sie aufgeben

> Tipp 36

(Tipp 36). Ein Ziel aber, das – bei aller Anstrengung und Entbehrung – Erfolge und Anerkennung für Sie bereithält, sollten Sie weiterverfolgen und pflegen.

Neidgefühle gegenüber angeblich besseren Kollegen als Anlass, die eigenen Ziele zu überdenken

In der Natur unserer Arbeit liegt zudem das Gefühl, der Kollege mache es besser. Wir sehen, wie in anderen Stunden Dinge passieren, die wir selbst so nicht hinbekommen: Motivierte Schüler arbeiten selbstständig, alle sitzen ruhig und hören zu, hohe Fertigkeiten, gutes Benehmen, ermutigender Umgang mit Leistungsschwachen usw. Nehmen Sie Ihre Gefühle des Neids als Hinweis darauf, dass Sie selbst Ziele verfolgen, hinter denen Sie nicht wirklich stehen.

Gleich mal ausprobieren

- Notieren Sie sich einen Moment voll bedrückender Anstrengung aus Ihrem Schulalltag.
- Beschreiben Sie das Ziel, dem Sie in dieser Situation entsprechen wollten.

Löst es bei Ihnen Ehrfurcht aus? Vielleicht ein laues Gefühl der Verpflichtung?

Hinterlässt die Anstrengung – auch bei Erfolg – Verbitterung?

Dann passt dieses Ziel nicht zu Ihnen. Ziehen Sie es wie eine zu kleine Jacke aus!

Hingabe bis zur Perfektion ist aber keine Anstellungsbedingung für Lehrer. Der motivierende Aspekt an Idealen ist, dass sie Bedürfnisse und Aktivitäten auslösen, obwohl man sich mit Teilerfolgen zufriedengeben muss. Der Balanceakt besteht nun darin, der unüberwindbaren Distanz zum jeweiligen Ideal mit einer Distanz zum eigenen Tun zu entsprechen. Oder umgekehrt: Wer keine Distanz zur eigenen Arbeit aufbaut – d. h. zu jeder Tageszeit an die Schule denkt bzw. in der Nacht und am Wochenende arbeitet – muss wohl daran glauben, die eigenen Ideale wirklich erreichen zu können und ein Alleskönner zu sein.

Meinen Job mache ich vor allem, um meine Miete bezahlen zu können. Daran ist nichts Ideales. Das Schöne an unserem Beruf ist jedoch, dass wir die materielle Pflichtübung mit uns erfüllenden Zielen verbinden können. Wählen Sie nur solche, die wirklich zu Ihnen passen.

Distanz zur eigenen Arbeit aufbauen

DIE VORSATZPYRAMIDE

42

Sollten Sie Ihre Arbeitsweise ändern wollen, werden Sie am meisten Erfolg haben, wenn Sie in kleinen, machbaren Schritten vorgehen. Dafür ist die Vorsatzpyramide eine praktikable Methode, die aus gut gemeinten „Silvester-Vorsätzen" realistische und zu schaffende Änderungen herausfiltert. Übersetzen Sie den Vorsatz in konkrete Tätigkeiten. Behandeln Sie sich selbst wie einen Roboter, dem man genaue Anweisungen geben muss. Machen Sie unbedingt aus Unterlassungswünschen (Tipp 2) konkrete, positive Handlungen! Daraufhin bestimmen Sie die Zeit, die Sie für diese

❯ Tipp 2

Nur positive
Vorsätze fassen
und einen
zeitlichen Rahmen
für die Umsetzung
festlegen

Tätigkeiten regelmäßig investieren wollen, sowie ein Ende des Versuchszeitraums. Auf diese Weise finden Sie schnell heraus, wie sehr die Änderung Sie entlastet oder ob Sie noch etwas anderes ausprobieren müssen. Und das Beste daran ist, dass Sie nicht mehr das schlechte Gewissen plagt: Indem Sie aus einem Vorsatz konkrete Tätigkeiten machen, können Sie im Falle des Scheiterns nicht mehr Ihren „inneren Schweinehund" verantwortlich machen, sondern nur mehr Ihre zuvor getroffene Einschränkung und Konkretisierung des Vorsatzes. Scheitern wird zu einem Sachproblem – allein das entlastet.

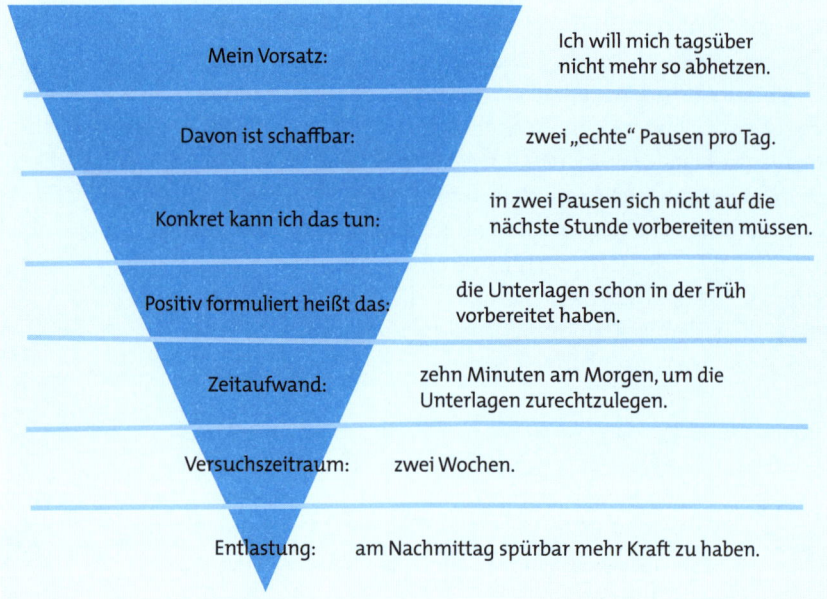

Sollten Sie – in unserem Beispiel – in der Früh wider Erwarten keine Zeit finden, die Unterlagen zurechtzulegen, dann ändern Sie einfach den Zeitaufwand auf „Zehn Minuten nach dem Tagesunterricht, um die Unterlagen zurechtzulegen" oder einen anderen Punkt der Pyramide. Experimentieren Sie!

43

Viele Grundschullehrer begleiten den Wechsel von Aktivitätsphasen mit akustischen Zeichen: Erklingt z. B. die Triangel einmal, suchen die Kinder ihre Plätze auf und richten ihre Aufmerksamkeit auf den Lehrer; erklingt sie zweimal, beginnt die Essenspause usw. In weiterführenden Schulen mit Fachunterricht klappt das so natürlich nicht mehr. Ein kurzes Ritual zu Stundenbeginn kann die Schüler jedoch gut auf die Unterrichtsstunde einstellen.

Ritual zu Stundenbeginn

Der Stundenplan setzt Schüler und Lehrer gleichermaßen unter Stress. So lohnt es sich, zu Stundenbeginn einige Minuten für ein Ritual zu reservieren, das den Wechsel von hektischer Aktivität zu gelassener Aufmerksamkeit unterstützt. Entspannungsübungen bieten sich hierfür besonders an. Diesbezüglich gib es eine riesige Auswahl: autogenes Training, Entspannungstraining, Feldenkraismethode, Singtraining, Inner Movement/Bodybliss, Ismakogie, Jacobson, Kinesiologie, Pilates, Qigong, Shakti-Dance, Tai-Chi Quan, Tauna, Yoga, Zen Meditation (Tipp 45–52). Alle diese Methoden und Lehren bieten Übungen an, die Sie mit der Klasse durchführen können.

❯ Tipp 45–52

Gleich mal ausprobieren

– Wählen Sie eine Klasse aus, mit der Sie von nun an zu jedem Stundenbeginn eine Entspannungsübung durchführen.
– Machen Sie die Übung sehr langsam vor. Wiederholen Sie sie, bis alle eine Minute lang konzentriert mitgemacht haben.
– Ignorieren Sie die Schüler, die nicht mitmachen wollen. Weisen Sie aber alle zurecht, die die anderen stören.
– Strahlen Sie Selbstsicherheit, Ruhe und Geduld aus. Spätestens in der dritten Stunde sind alle dabei!

Sie werden den Effekt erleben, dass Klassen bereit sind, auch ihnen kurios Erscheinendes mitzumachen, wenn die leitende Person es nur überzeugt vorstellt. Ihre Selbstsicherheit wird sich auf die Schüler übertragen und sie die anfängliche Angst vor einer Blamage überwinden lassen.

Achtung!

Der Erfolg stellt sich nur bei Übungen ein, von denen Sie selbst überzeugt sind. Dann allerdings in einem solchen Ausmaß, dass Sie das Ritual zum Stundenbeginn nicht mehr weglassen können. Die Schüler werden es einfordern. Deshalb ist es auch ratsam, erst einmal nur mit einer einzigen Klasse zu beginnen.

ENTSPANNUNGSTECHNIKEN LERNEN

44

❯ Tipp 35

Um für Entspannungsübungen mit der Klasse die bereits erwähnte nötige Selbstsicherheit zu erwerben, lohnt es sich sehr, diesbezüglich vorab einen guten Kurs zu besuchen (Tipp 35). Schließlich müssen Sie von der Wirksamkeit der Übung, die Sie später mit den Schülern durchführen, zunächst einmal selbst überzeugt sein.

Fragen Sie im Kurs nach Übungen, die man im Stehen durchführen kann. Finden Sie solche, an denen auch Laien schnell Gefallen finden können (Tipp 45–52).

❯ Tipp 45–52

Gleich mal ausprobieren

Besuchen Sie ein Entspannungstechnikseminar. Schauen Sie sich viel ab. Schreiben Sie mit.

Stellen Sie sich aus Ihren Übungsfavoriten ein gemischtes Kurzprogramm zusammen.

Um die Ecke gedacht

❯ Tipp 68

Ob Sie mit einer Klasse Entspannungsübungen machen oder nicht, sollte von Ihren eigenen Bedürfnissen abhängen (Tipp 68). Sie müssen Ihr Stressniveau nach jeder Stunde wieder senken. Dazu können Sie die Pause verwenden oder eben den Stundenbeginn mit der nächsten Klasse. Das überraschend Positive dabei sind die Nebenwirkungen: ruhigere Schüler und eine konzentriertere Atmosphäre in der Stunde.

45

Eine Gedankenreise, die eine Treppe hinab- und wieder hinaufführt, entspannt ungemein und stoppt im Kopf kreisende Gedanken. Viele Schüler kennen die Technik schon aus der Grundschule. Einige Klassen mögen nicht sofort bereit dazu sein. Wenn Sie allerdings Gedankenreisen mögen, wird Ihnen die Klasse nach einigen Anläufen folgen.

Gedankenreisen
durchführen

SOS-Tipp

Üben Sie die Gedankenreise unbedingt vorher mit einem Kollegen. Achten Sie darauf, dass Ihre Stimme mit dem Abstieg über die Treppe auch immer tiefer wird. Experimentieren Sie mit der Erzählgeschwindigkeit.

Gleich mal ausprobieren

„Sitze entspannt und folge mir auf dieser Gedankenreise in dein Inneres, wo du ganz bei dir bist. Schließe deine Augen und konzentriere dich auf deine inneren Vorstellungen.
Stelle dir eine Treppe vor, die über neun Stufen tief zu dir hinabführt.
Du steigst nun die erste Stufe hinunter, weg von der Hektik der Pause. Um weiter ganz zu dir zu kommen, steigst du die zweite Stufe hinunter und spürst, wie der Alltag unwichtig wird. Lass nun alle Gedanken einfach los – das ist die dritte Stufe. Du steigst weiter hinunter zu dir selbst über die vierte Stufe. Nach der nächsten, der fünften Stufe, fühlst du dich richtig gelöst. Steig tiefer hinab zu dir – sechste Stufe – und konzentriere dich nur noch auf dich. Stufe sieben. Du kannst nun alle Sorgen loslassen – achte Stufe. Du bist fast ganz bei dir selbst. Du steigst die neunte Stufe hinunter. Nichts ist mehr da als du selbst. Unten angekommen siehst du jetzt, wie es innen bei dir aussieht. Du fühlst, was dich wirklich bewegt.
Du weißt nun, was du für dich brauchst. Verabschiede dich langsam von deinem Inneren und steige mit mir die Treppe Stufe für Stufe wieder aufwärts. Steige hinauf zur Stufe

neun – nimm dein Wissen mit – und weiter zur achten Stufe. Du spürst wieder, wie du sitzt. Nimm die nächste Stufe – sieben – und merke, wie du wieder wach wirst. Stufe sechs, berühre dich selbst ganz leicht. Stufe fünf – deine Aufmerksamkeit wendet sich der Klasse zu. Weiter hinauf zur vierten Stufe mit einem tiefen Atemzug. Auf der dritten Stufe streckst du dich und gähnst. Stufe zwei – du bist neugierig, was du heute mit deinem neu gewonnenen Wissen über dich anfangen wirst. Schon bist du auf der ersten Stufe, öffnest die Augen. Steige nun ganz hinauf, komme wieder in die Klasse. Sieh dich um. Du bist ruhig, entspannt und freust dich auf diese Stunde."

ATEMTECHNIK – BRENNENDE KERZE

46

Diese Atemübung festigt die Konzentration auf die eigenen Kräfte.

Gleich mal ausprobieren

„Stehe entspannt. Strecke einen Arm nach vorn.
Stell dir vor, dass dort, wo deine Fingerspitzen enden, eine Kerze brennt. Senke den Arm wieder. Schließe die Augen.
Blase nun die vorgestellte Kerze aus. Sie entzündet sich gleich wieder. Versuche es ein paarmal.
Nun atme durch die Nase ein und bewege die Flamme durch kurze Luftstöße, ohne sie auszublasen. Unterbrich die Luftstöße durch das Schließen deiner Lippen.
Öffne die Augen. Nun bist du konzentriert und aktiv."

47

Die Jacobson-Methode macht sich die Tatsache zunutze, dass Entspannung nach einer Anspannung viel effektiver ist als aus dem Ruhezustand heraus. Die Schüler werden dadurch aufmerksamer.

Gleich mal ausprobieren

„Sitze bequem und aufrecht.
Spanne, während du einatmest, deine Füße an und hebe die Zehen und Zehenballen nach oben, so weit du kannst. Die Fersen bleiben am Boden.
Senke beim Ausatmen die Füße entspannt wieder ab.
Wiederhole dies fünfmal.
Komme nun mit aller Aufmerksamkeit in den Unterricht zurück. Nimm deine Unterlagen heraus ...“

Daran können Sie ähnliche Übungen anschließen: Beine leicht anheben, Fäuste ballen, Schultern hochziehen, Rücken anspannen usw.
Zum Ende der Übung sollte ein paarmal ohne Anspannung geatmet werden.

48

Shiatsu fördert das Gefühl der inneren Zentriertheit und erhöht die Vitalität sowie die Fähigkeit, sich zu entspannen. Schon nach einer Minute stellt sich an den Punkten Feng-chih (Teich des Windes) ein tiefes Gefühl der Entspannung ein. Die Übung hilft vor allem gegen Kopfschmerzen durch Verspannung.

Den Kopf
freibekommen

Gleich mal ausprobieren

„Stehe entspannt. Stelle die Füße etwas auseinander.
Lege die Hände auf den Hinterkopf, sodass sich die Daumen am oberen Ende der Wirbelsäule berühren.

Fühle mit den Daumen, wo die Schädelknochen beginnen.
Fahre mit jedem Daumen entlang der Schädelkante nach
außen. Nach ein paar Zentimetern spürst du eine Vertiefung,
ehe sich die Knochen nach unten fortsetzen.
Drücke dort spürbar – aber nicht mit voller Kraft – für 20 Se-
kunden nach oben. Du sollst dabei einen leichten dumpfen
Schmerz fühlen.
Lass anschließend langsam los.
Versuche es noch ein- bis dreimal.
Dein Kopf ist nun frei und du bist entspannt. Ganz leicht
wirst du die heutige Lektion lernen."

PILATES

49

Die
Grundposition
einnehmen

Pilates ist ein Ganzkörpertraining. Durch die Balance zwischen Kräftigung und Dehnung sowie die Koordination von
Atmung und Bewegung erzeugt es ein besseres Körperbe-
wusstsein. Die hier vorgestellte Übung bringt die Schüler in
die Grundposition. Auf Wunsch können Sie weitere Übungen anschließen. Anregungen hierzu bieten zahlreiche Pila-
tes-Bücher (z. T. mit Übungs-DVD), z. B. Michaela Bimbi-
Dresp (2006): Das große Pilates-Buch. Gräfe und Unzer:
München.

Gleich mal ausprobieren

„Stehe hüftbreit, die Knie leicht gebeugt und das Gewicht
gleichmäßig auf beide Fußsohlen verteilt.
Spüre, wie dein ganzes Gewicht vom Boden getragen wird.
Finde nun die neutrale Beckenposition: Drücke das Becken
nach vorn und wieder nach hinten. Nach einigen Malen
spürst du in der Mitte die neutrale Position.
Schließe die Augen und atme dreimal tief in den Bauch.
Alle Aufmerksamkeit richtet sich nun nach innen und du
wirst ganz ruhig.
Öffne die Augen und setze dich ganz leise hin. Willkommen
in der Stunde. Nimm deine Unterlagen heraus ..."

50

Qigong ist eine chinesische Meditations-, Konzentrations- und Bewegungsform, die sich der Anreicherung und Harmonisierung der Lebensenergie (Qi) widmet. Die Übungen stammen aus der chinesischen Medizin und aus asiatischen Kampfkünsten. Es gibt Atem-, Stellungs- und Bewegungs-, Konzentrations- und Visualisierungs- sowie Meditationsübungen.

Die Übung „Das Schütteln" lockert den ganzen Körper und lässt jeden seinen individuellen Rhythmus finden.

Lockerung des
ganzen Körpers

Gleich mal ausprobieren

„Stelle die Füße schulterbreit nebeneinander. Beuge die Knie leicht. Fühle, wie du fest im Boden verwurzelt bist.

Entspanne die Stirn und lass alle Gedanken los.

Nun federe aus den Knien leicht auf und ab.

Lass die Schwingungen sich auf deinen ganzen Körper ausbreiten.

Du schwingst ganz locker und so schnell du willst. Spürst du deinen Rhythmus?

Jetzt beginnst du diese Stunde vollkommen gelockert. Nimm deine Unterlagen und ...“

51

Diese sehr bekannte Übung beruhigt und bringt innere Harmonie. Wiederholen Sie sie einige Male.

Gleich mal ausprobieren

„Stehe aufrecht. Die Fersen berühren einander, die Zehen zeigen etwas nach außen.

Halte die Handflächen auf Nabelhöhe nach oben offen.

Atme nun langsam ein: Dabei öffnest du die Arme und hebst sie seitwärts hoch, bis sich die Handflächen gegenseitig ansehen. Deine Schultern bleiben entspannt gesenkt.

Nach dem Einatmen sollst du schlucken.
Drehe nun die Handflächen nach unten und senke die Hände ganz nach unten. Gehe leicht in die Knie.
Wenn die Arme schon fast gestreckt sind, drehe die Handflächen nach oben.
Während du die Hände in die Ausgangsposition zum Nabel bringst und deine Beine streckst, atmest du kurz ein.
Mache eine kurze Pause und kontrolliere deine Haltung."

Yoga – Der Halbmond

Den Geist beruhigen

Yogatechniken sind hervorragend dafür geeignet, den Geist zu beruhigen. Der Halbmond (die Seitenbeuge) bringt die Wirbelsäule ins Bewusstsein der Schüler. Die Beckenhaltung erfährt einen Ausgleich und die seitliche Rumpfmuskulatur wird gedehnt. Die Übung bedarf keines Vorwissens und gelingt schnell.

Gleich mal ausprobieren

„Stehe aufrecht, mit den Füßen hüftbreit auseinander.
Strecke die Arme nach oben und lege die Handflächen aneinander. Die Arme sollen leicht gebeugt sein.
Lege nun dein Gewicht ganz auf die Fersen und spreize deine Zehen.
Atme aus und senke deine Schultern.
Atme ein und neige deinen Körper nach rechts. Drücke dabei den rechten Fuß in den Boden.
Blicke geradeaus und etwas nach oben. Verharre kurz. Spüre deine Atmung auf der linken Seite.
Richte dich wieder auf – atme dabei aus.
Nun folgt die Beuge nach links."

53

Der Lehrberuf ist einer der lebendigsten Berufe. Er ist voll von Emotionen und Aktivität. Daher ist er auch voller Unvorhersehbarkeiten. Sie wissen vorab nicht, wie die Klasse den jeweiligen Stoff aufnehmen wird. Sie erleben Sternstunden und Katastrophen – manchmal beides an einem Tag. Sie haben Schüler mit viel destruktiver Energie (Tipp 84), entmutigte Klassen und hyperaktive Jugendliche. Da kann der Gedanke an die nächste Stunde schon von gemischten Gefühlen begleitet sein.

> Tipp 84

Was können Sie tun, damit eine halbwegs gute Stunde garantiert ist? „Viel und gut vorbereiten!", fällt einem da sofort ein. Im Lehramtsstudium wurde uns vermittelt, dass es eine Didaktik ohne konkretes Wissen über die jeweilige Klasse gäbe – eine „Retorten-Didaktik". Doch eine solche wirkt nicht in der gewünschten Weise, sondern erhöht lediglich unsere Arbeitsbelastung (Tipp 14).

> Tipp 14

Ein Problem ist bekanntlich, dass Sie die Schüler jedes Mal überzeugen müssen, die von Ihnen didaktisch wertvoll vorbereitete Stunde durch aktive Mitarbeit mitzutragen (Tipp 79). Nicht nur, dass Schüler so zu Bildungskonsumenten erzogen werden, Sie selbst beginnen nach einigen Fehlschlägen auch, an Ihrer Vorbereitungskompetenz zu zweifeln. Zudem gehen Sie oft mit dem zehrenden Gefühl aus der Klasse, dass die eine oder andere Aufgabenstellung, die eine oder andere Folie nicht optimal waren.

> Tipp 79

Diese Erkenntnisse aus einer Unterrichtsstunde gehen zu oft verloren, weil wir gelernt haben, dass Unterrichtsarbeit mit der Vorbereitung beginnt, die Stunde als zentralen Teil beinhaltet und dann durch die Nachbereitung abgeschlossen wird. Das ist einleuchtend, weil es ohne Stunde keine Nachbereitung und ohne Vorbereitung keine Stunde geben kann. Allerdings wird manchmal fälschlicherweise behauptet, dass es für die Vorbereitung keiner Nachbereitung bedarf. Dadurch wird die Nachbereitung zu einer lästigen Pflichtübung herabgestuft, die häufig nur noch aus der Niederschrift der Seitenzahl im Buch besteht, bis zu der die

Erkenntnisse aus einer Unterrichtsstunde gehen zu oft verloren

Klasse heute vorgedrungen ist. Dabei können Sie im Rahmen einer guten Nachbereitung viele Erkenntnisse und Informationen gewinnen, die Ihre Vorbereitungsarbeit wesentlich erleichtern. Die folgenden Stunden werden besser zur Klasse passen und mehr Zustimmung finden.

Sorgfältige Nachbereitung erleichtert die Vorbereitung

Gleich mal ausprobieren

Ändern Sie die Reihenfolge Ihrer Unterrichtsarbeit zu: Nachbereitung – Vorbereitung – Stunde.

Aus der Stunde kommen Sie mit vielen Eindrücken und Gefühlen heraus. Sie sind um einiges klüger geworden, was das Können und die Interessen Ihrer Schüler betrifft (Tipp 55). Diese Eindrücke sind die eigentliche Grundlage für die Vorbereitung. Je treffender Sie sie in Ihrer Nachbereitung erfassen, desto effizienter werden Sie vorbereiten.

❭ Tipp 55

DIE LETZTEN FÜNF MINUTEN FÜR NOTIZEN NUTZEN

54

Sehen wir uns einmal die Nachbereitung einer Unterrichtsstunde genauer an. Wann haben Sie dafür Zeit? Nach der sechsten Stunde? Am Abend? Wenn Sie von sich verlangen, die Eindrücke aus der dritten Stunde bis dahin wachzuhalten, dann belasten Sie sich etliche Stunden zusätzlich. Bevor Sie aus einer Klasse in die nächste eilen und ihre Eindrücke vergessen, nehmen Sie sich die letzten fünf Minuten der Stunde zur Nachbereitung und schreiben alles auf. Das Notieren wichtiger Beobachtungen ist Teil unseres Unterrichtsauftrags und kann daher ohne Weiteres in der Unterrichtsstunde erfolgen. Die kurzen Pausen – gar mit Pausenaufsicht gefüllt – erlauben uns keine Reflexionszeit.

Sich Reflexionszeit nehmen

Achtung!

Notieren Sie bei Leistungsbeobachtungen auch das Stoffgebiet. So können Sie den Schülern zu Jahresende die Note anschaulicher erklären. Schreiben Sie Ihre Notizen gleich auf die passenden Blätter (Tipp 56).

❭ Tipp 56

Um die Ecke gedacht

Eine solche kurze Auszeit zum Ende der Stunde kommt im Übrigen auch den Schülern zugute: Ein entspannender Stundenausklang gibt ihnen genügend Zeit, den Stoff knapp zusammenzufassen, das Selbstbeobachtungsformular (Tipp 61) auszufüllen oder einfach ihre Sachen wegzuräumen. Bei Interesse kann auch immer ein anderer Schüler eine Entspannungsübung anleiten (Tipp 45–52).

❯ Tipp 61

❯ Tipp 45–52

Gleich mal ausprobieren

Widmen Sie die letzten fünf Minuten jeder Unterrichtsstunde der Reflexion:

Schreiben Sie die Erfolge und Misserfolge nieder und machen Sie Ihre Mitarbeitsaufzeichnungen (Tipp 60). Tun Sie das auch im Dialog mit den Schülern.

❯ Tipp 60

Gewähren Sie den Schülern einen angenehmen Stundenausklang, der sie pünktlich in die Pause entlässt.

MARKTFORSCHUNG IN DER KLASSE BETREIBEN

Es lohnt sich, am Ende einer Unterrichtssequenz ein Gespräch mit den Schülern zu führen, in dem Sie Feedback einholen und Interessen ausloten. Vielleicht ist eine Vertiefung bestimmter Inhalte lohnend – vielleicht ist das Interesse zu gering. Wahrscheinlich entwerfen Sie in Gedanken dabei schon die nächste Stunde. Notieren Sie, was Ihnen durch den Kopf geht. Am Nachmittag werden Sie diese Ideenskizze sicherlich in eine gute Stunde umwandeln. Und: Sie brauchen bis dahin nichts mehr in Erinnerung zu behalten, außer dem Gefühl, dass in dieser Klasse wieder eine erfolgreiche Stunde auf Sie wartet (Tipp 1).

Wenn die Stunde schlecht gelaufen ist (Sie haben vielleicht Fehler gemacht, die Schüler waren über- oder unterfordert oder die Schulsprecher kamen herein und brachten Unruhe in die Klasse), dann will sich jeder Lehrer am liebsten da-

55

Gespräch mit den Schülern am Ende der Stunde

❯ Tipp 1

vonmachen. Doch gerade in dieser Situation müssen Sie sich an den besten Coach wenden, den Sie bekommen können: an die Schüler. Die an die Schüler gerichtete Fragen „Was hat heute nicht gepasst? Was ist schiefgelaufen?" bringen Ihnen Dutzende Äußerungen und Meinungen ein. Bei einigen werden Sie intuitiv davon überzeugt sein, dass sie berechtigt sind. Aufschreiben und erst einmal aus den Gedanken streichen! Ihnen wird bei der Vorbereitung am Nachmittag mit Sicherheit das Gegenmittel dafür einfallen.

Um die Ecke gedacht

Oder sehen Sie es mit den Augen eines Lebensmittelhändlers: Einerseits muss da eine Angebotspalette an Waren hart kalkuliert in den Regalen bereitstehen, andererseits muss das Angebot an die Wünsche der Einkaufenden angepasst werden. Eine Tiroler Supermarktkette denkt da noch weiter: Sie baut ihre Märkte architektonisch auffällig und es gibt in jedem Markt ein kleines Café. Firlefanz? Selbstdarstellung? Verzweifelte Suche nach neuen Geschäftsfeldern? Nein: Das Ergebnis war eine Umsatzsteigerung des Kerngeschäfts.

Gleich mal ausprobieren

Wir Lehrer können unser Kerngeschäft verbessern, wenn wir etwas für die Lebensqualität der Schüler tun. Eine Strategie dafür ist das persönliche Gespräch, eine andere sind individuelle Lernpläne (Tipp 17).

❭ Tipp 17

Fragen Sie die Schüler! Betreiben Sie Marktforschung! Das ist wirklich lohnende Vorbereitungsarbeit.

56

Alles, was Sie niederschreiben, werden Sie Stunden oder Tage später wieder lesen wollen. Deshalb ist es wichtig, dass Sie jede Notiz dorthin schreiben, wo Sie sie leicht wiederfinden können. Sie haben vier wichtige Aufgabenbereiche:

- individuelle Förderung und Notengebung,
- Vorbereitung des Unterrichts,
- außerunterrichtliche Arbeiten (Organisatorisches, Korrekturen, Termine usw.),
- Entwicklung neuer Unterrichtsideen und -visionen.

Erstellen Sie für jeden Aufgabenbereich eine übersichtliche Notizenvorlage.

Gleich mal ausprobieren

Diese Unterlagen decken alle vier genannten Aufgabenbereiche des Lehrers ab:

Stammblatt für jeden Schüler: Sie sparen viel Zeit, wenn Sie jede Beobachtung aus dem Unterricht gleich auf das passende Schülerstammblatt schreiben. Dieses Blatt ist eine aussagekräftige Grundlage für Elterngespräche und die Notengebung (Tipp 60).

❯ Tipp 60

Klassenblatt: Führen Sie ein Blatt für die Klasse, auf dem Sie den Stand bezüglich der Kompetenzen, Ideen für die nahe Zukunft sowie Absenzen notieren. Dieses Blatt lesen Sie, wenn Sie weiteren Unterricht vorbereiten.

To-do-Liste: Führen Sie eine Liste, auf der Sie alles notieren, was Sie in der nächsten Zeit außerhalb des Unterrichts konkret tun müssen: Klassenarbeit entwerfen bzw. korrigieren, einen Termin ausmachen, Geld einsammeln. Auf dieses Blatt blicken Sie immer dann, wenn Sie außerhalb des Unterrichts eine neue Aufgabe anfangen wollen (Tipp 69).

❯ Tipp 69

Ideensammlung: Die Notizen für spontane Einfälle, Lesetipps oder Beiläufiges, das Sie nicht vergessen wollen, werden Sie immer wieder inspirieren. Nach einiger Zeit gehen sie dann in Ihr Langzeitgedächtnis über und erscheinen später einmal wieder als Ideen für eine bestimmte Klasse.

Die Stammblätter und das Klassenblatt können Sie in einer der Klasse zugeordneten Heftmappe aufbewahren. Nehmen Sie diese Mappe, die To-do-Liste und die Ideensammlung in jede Stunde mit. Wenn es Ihnen gelingt, sich darauf immer wieder Stichworte zu notieren, ersparen Sie sich viel Stress und Sorge.

Ideen sofort notieren

MENTALE VORBEREITUNG

57

Sicherheit gewinnen

Eine Stundenvorbereitung kann dann als qualitativ hochwertig angesehen werden, wenn Sie danach mehr Sicherheit haben, dass die Stunde gelingen wird. Es ist wenig sinnvoll, sich zeitaufwändig passendes Material zurechtzulegen, um dann der Durchführung mit gemischten Gefühlen entgegenzusehen. Solange Sie im Innersten davon überzeugt sind, dass wieder etwas schiefgehen wird, müssen Sie die inhaltliche und methodische Vorbereitung hintanstellen und sich erst einmal mental auf die Klasse vorbereiten.

Es ist meist nicht offensichtlich, weshalb Stunden nicht zufriedenstellend verlaufen. Die hier vorgestellte Methode ersetzt spekulatives Grübeln und liefert konkrete Hinweise sowie Verbesserungsstrategien.

Sich über die eigenen Gefühle klar werden

Zuerst sollten Sie sich über Ihre Gefühle zur jeweiligen Klasse klar werden. Sind Sie dabei ehrlich zu sich selbst, dann fallen Ihnen auch die konkreten Gründe für Ihre Gefühle ein. Es wird Ihnen klar, woran Sie sich beim Umgang mit der Klasse stoßen und was Sie beflügelt. Nun ist es leichter, sich Strategien gegen negative und für mehr positive Unterrichtssituationen zu überlegen.

Schlussendlich sollten Sie Unterrichtsmethoden nicht danach auswählen, ob sie spannend klingen oder besonders angepriesen werden, sondern ob Sie mit ihrer Hilfe Ihr jeweiliges Verhältnis zur betreffenden Klasse verbessern können (Tipp 83). Eine gute mentale Vorbereitung erhöht Ihre Freude auf die Stunde und verbessert Ihr Wohlbefinden im Beruf.

> **Tipp 83**

Gleich mal ausprobieren

Denken Sie an eine bestimmte Klasse und kreuzen Sie Ihre spontane Empfindung an:

	<<	<	>	>>	
angespannt					entspannt
angstvoll					angstfrei
unruhig					ruhig
unmotiviert					motiviert
wütend					gelassen
gelähmt					topfit
freudlos					freudig
genervt					gelöst

Wählen Sie je eine Zeile aus, in der Sie die Spalte ganz links, und eine, in der Sie die Spalte ganz rechts angekreuzt haben.

Denken Sie an Situationen, in denen Sie diese Gefühle in der Klasse besonders stark empfunden haben.

Überlegen Sie sich eine Strategie gegen die schlechte Situation und eine, wie Sie das gute Gefühl zu dieser Klasse verstärken können.

Beispiel: Ihnen fällt auf, dass Sie in der 5a sehr angespannt sind, sobald die Schüler einen Text lesen sollen. Als Gegenstrategie können Sie solche Übungen vermeiden oder währenddessen sich selbst in einen Text vertiefen bzw. kleine Entspannungsübungen machen. Auf der anderen Seite: Immer wenn Sie die Schüler der 5a nach eigenen zum Stoff passenden Erlebnissen fragen, entsteht ein lebendiges Gespräch unter den Schülern, das halbwegs beim Thema bleibt. Sehr gelöst nehmen Sie an diesen Gesprächen teil. Eine Strategie dazu ist, zu jedem Stoffgebiet Anwendungen zu suchen, die im Leben der Schüler vorkommen, um ein Klassengespräch in Gang zu bringen.

BINNENDIFFERENZIERUNG WAGEN

58

> Tipp 54

> Tipp 55

Zu Beginn der Vorbereitung einer Stunde lesen Sie sich Ihre Nachbereitungsnotizen durch (Tipp 54). Sofort wissen Sie, welche Beispiele oder Inhalte von welchem Schüler gut angenommen werden. Vor allem aber wissen Sie, welche Impulse sich lohnen und welche fehl am Platz sind. Ich denke da vor allem an die Schüler, denen Sie eigenständige Arbeiten übertragen. Diese wollen Sie nicht durch einen Vortrag unnötig stören. Gehen Sie daher bei Ihrer Vorbereitung so vor:

- Kopieren Sie die Artikel, für die es echten Bedarf gibt (Tipp 55).
- Erstellen oder suchen Sie Lernunterlagen (z. B. ein Arbeitsblatt, eine Präsentation, ein Kreuzworträtsel oder ein Fallbeispiel), die zur Motivation der Schüler passen.
- Bereiten Sie einen Vortrag nur für den Teil der Klasse vor, der stofflich davon profitieren kann.
- Geben Sie den Schülern, die ihren eigenen Weg gehen wollen, Übungen oder Selbstlernmöglichkeiten.

Vielleicht denken Sie nun: Aber da muss ich ja mehrere Stunden parallel vorbereiten? Ja und nein. Für Phasen des individualisierten Unterrichts braucht man natürlich mehrere Lernangebote. Weil Sie aber aufgrund der Nachbereitungsnotizen genau wissen, was gut ankommt, ersparen Sie sich Leerkilometer und Frust nach dem Unterricht. Lassen Sie sich nicht von den Versprechungen der Fabriksideologie (alle machen zugleich dasselbe = nur eine Vorbereitung) dazu verführen, das Elend des Schülerunmuts täglich auf Ihre Schultern zu nehmen. Ihre Nachbereitung wird ebenfalls voller Unmut sein. Sie werden nur noch die Misserfolge sehen und auf die Schüler schimpfen, die so gar nichts verstehen. Eine Autobahn in den Zynismus – wählen Sie die nächste Ausfahrt und genießen Sie eine abwechslungsreiche Fahrt mit interessanten Aufenthalten in unbekannten Gegenden. Und nehmen Sie sich vor allem Zeit für herzliche Begegnungen.

Binnendifferenzierung stärkt Beziehungen

Gleich mal ausprobieren

▬ Nehmen Sie sich im Fachunterricht viel Zeit für Zweierge-
spräche, um Ihre Schüler besser kennenzulernen (Tipp 5). ❯ Tipp 5

▬ Finden Sie Materialien, die zur Arbeitsweise der Schüler passen. Ein ergoogeltes Arbeitsblatt, von dem Sie die Hälfte
durchstreichen, ist eben in jenem Moment perfekt, in dem es
zum Lernfortschritt der Schüler passt. Sie überzeugen nicht
durch die Perfektion Ihrer Lernunterlagen, sondern durch die
Treffsicherheit Ihres Lernangebots.

BEOBACHTEN STATT TESTEN

59

Häufig wird die Kritik vorgebracht, dass Kinder und Jugendliche in der Schule zu oft getestet würden. Nicht nur
die zahlreichen landesweiten, bundesweiten und internati-
onalen Tests sind gemeint, sondern auch alle Klassenarbeiten, Tests, schriftlichen Wiederholungen und Mitarbeitskontrollen. Den Schülern werde durch den andauernden
Prüfungsstress das Lernen verleidet. Sie verbrächten zu viel
Zeit mit Wissensreproduktion, statt an ihrer Problemlö-
sungskompetenz zu arbeiten, heißt es.

Schön und gut. Doch am Ende des Schuljahres müssen wir
Lehrer eine Note vergeben, die über die Leistung des Schülers Auskunft gibt. Da müssen wir etwas „in der Hand haben", damit die Schule einen amtlichen Bescheid, das Zeug-
nis, ausstellen kann (Tipp 75). Und dafür bieten sich Wie- ❯ Tipp 75
derholungen, Kontrollen, Tests (Tipp 7) usw. an. Man muss ❯ Tipp 7
nur die einzelnen Noten eintragen und am Ende den Durch-
schnitt errechnen. Mittlerweile gibt es auch etliche Soft-
wareprodukte, mit denen man alle Schüler punktgenau
verwalten kann – sogar für das Smartphone. Das beein-
druckt die Schüler und spart Zeit. Als Draufgabe wirbt solch
ein System mit Transparenz, die von den Schulbehörden
immer wieder gefordert wird. Sie können den Schülern
schnell den Notenstand bekanntgeben oder ihn gleich elektronisch im Intranet bereitstellen.

Doch sind diese „elektronischen Helferlein" nicht ein wenig wie der böse Wolf, der das Rotkäppchen auf seiner Suche nach schönen Blumen, mit denen es die Großmutter beeindrucken kann, vom Weg weglocken will? Sind wir Lehrer nicht wie das Rotkäppchen, das auf dem Weg zum Notenschluss viele Zahlen, Plus- und Minuszeichen usw. – also ein dichtes Leistungsbild aus Tests und Kontrollen – sammeln will? Damit verlassen wir aber den produktiven und partnerschaftlichen Weg des Unterrichtens mehr und mehr. Ja, der böse Wolf in Form von Punktesystemen verspricht noch bessere Testergebnisse durch noch ausgeklügeltere Tests mit noch leichter zu handhabender Software. Die zuverlässigsten und objektivsten Lernkontrollen gibt es nur ganz tief im Wald. Und während Sie mühevolle Abstecher in das dichte Unterholz der Testvorbereitung und des dornigen Korrigierens unternehmen, frisst der Wolf schon einmal die Großmutter und zum Schluss Sie.

Tricksen Sie den Wolf aus und seien Sie vor ihm bei der Großmutter! Sie können auch zu fundierten Aufzeichnungen über die Leistung jedes Schülers gelangen, ohne vom

❯ Tipp 29

Weg des gelungenen Unterrichts abzukommen (Tipp 29). Nehmen Sie dazu die Vorgaben des Arbeitgebers ernst: Er verlangt von Ihnen eine Beurteilung auf der Basis von Leis-

tungsfeststellungen. Solch eine Feststellung kann ein Test, aber auch eine Beobachtung im Unterricht sein. Wichtig ist, dass die Beobachtung sachlich und ohne Bewertung niedergeschrieben wird, z. B.: „N.N. löst das XY-Arbeitsblatt mit einiger Hilfe seines Nachbarn." Jeder wird erkennen, dass der Schüler in diesem Stoffgebiet Einsatz zeigt, aber nicht alle Aufgaben selbst lösen und schon gar nicht über den geforderten Stoff hinaus eigenständig Leistungen erbringen kann – die Bewertung wird etwa bei einer Drei liegen. Eine ganz andere Leistung wird durch folgenden Eintrag widergespiegelt: „N.N. erzählt, wie er ein Experiment aus dem ‚Forscherexpress' (Kindersendung, in der Experimente gezeigt und erklärt werden) mit seiner Mutter nachgemacht hat. Er erklärt auch die Schwierigkeiten, die dabei auftreten können" – hier ist eher eine Eins angebracht.

Wenn Sie es schaffen, am Ende des Jahres von jedem Schüler sechs bis zehn sachliche Beobachtungen zu haben, dann können Sie eine klare Note vergeben – der Großmutter also einen schönen Blumenstrauß übergeben, um in unserem Bild zu bleiben. Nun ist nur noch eines notwendig, um der Großmutter wirklich Freude zu machen: die Selbsterkenntnis und Einsicht der Schüler. Erst wenn die Schüler sich in Ihren Beobachtungen wiedererkennen, wird Ihre Beurteilung überzeugend (Tipp 82). Die Note ist in den Augen des einzelnen Schülers dann kein Lottogewinn, sondern die gerechte Beurteilung seiner Leistungen im Laufe des vergangenen Schuljahres.

▶ Tipp 82

Diese Vorgehensweise ist gesetzeskonform und ohne Mehrarbeit umzusetzen: Widmen Sie die letzten fünf Minuten jeder Stunde der Niederschrift Ihrer Beobachtungen (Tipp 54). Schreiben Sie beurteilungsfrei auf, was Sie bei drei bis fünf Schülern gesehen haben.

▶ Tipp 54

Achtung!

Belasten Sie sich beim Notieren noch nicht mit der Frage der Benotung. Wenn Ihre Notizen sachlich sind, wird Ihnen die Beurteilung später leichtfallen. Wichtig ist erst einmal, dass Sie zu jedem Schüler einige Beobachtungen sammeln. Nicht wichtig ist dagegen, dass Sie von allen Schülern zu jedem Stoffgebiet über eine Leistungsfeststellung verfügen.

Gleich mal ausprobieren

Bereiten Sie eine Stunde so vor, dass Sie darin oft und lange als Beobachter agieren können. Verwenden Sie Methoden, die Sie aus dem Zentrum nehmen und die Schüler beschäftigen (Tipp 35).
Teilen Sie den Schülern mit, dass Ihre Beobachtungen die Grundlage für die Note sein werden. Natürlich werden die Schüler wissen wollen, wie sie sich vorteilhaft präsentieren können. Nutzen Sie diesen inneren Antrieb, um die Mitarbeit zu stärken (Tipp 61).

▶ Tipp 35

▶ Tipp 61

Sie werden sehen, dass bei dieser Vorgehensweise u. a. Gruppenarbeiten von den Schülern wesentlich ernster genommen werden. Denn nun kann ein „Wir haben uns vertratscht" nicht mehr durch eine tolle Mitarbeitskontrolle ausgebessert werden. Die Beurteilung als Teil der späteren Note erfolgt aus der aktuellen Situation heraus. Nächstes Mal muss die Gruppenarbeit also klappen.

60 EINEN BEURTEILUNGSBOGEN FÜR JEDEN SCHÜLER ANLEGEN

Sie werden – zu Recht – einwenden, dass es eher veraltet und zudem unübersichtlich ist, für jeden Schüler einen extra Beurteilungsbogen anzulegen. Viele Kollegen verwenden handliche Büchlein oder übersichtliche Rasterlisten. Mit Kürzeln werden die Leistungen knapp notiert – effizienter geht es nicht.

Um die Ecke gedacht

Was ist der Zweck Ihrer Aufzeichnungen? Geht es lediglich um einen bürokratischen Prozess zur Gewinnung der Zeugnisnote? Oder wollen Sie nicht vielmehr zu einer fundierten Meinung über die Leistungen des jeweiligen Schülers kommen? Nur so können Sie ihm einen Spiegel vorhalten, in dem er sich wiedererkennt und mehr über sich erfährt. Dieser Spiegel aber kann nicht aus abstrakten Zeichen oder einem arithmetischen Mittel bestehen.

Effizient sind Ihre Aufzeichnungen dann, wenn Sie sie zum einen in kurzer Zeit (Tipp 54) erstellen können und damit zum anderen schnell ein umfassendes Bild des Schülers erhalten. Wollen Sie einem Schüler berichten, was er gut und was er schlecht kann, worin seine Stärken und Schwächen in Ihrem Unterricht liegen, dann müssen Sie während des gesamten Schuljahres entsprechend aussagekräftige Notizen anfertigen.

❯ Tipp 54

Effizienz ja, aber mit Inhalten

Gleich mal ausprobieren

Legen Sie für jeden Schüler der Klasse einen Beurteilungsbogen an. Unterteilen Sie ihn in folgende Bereiche:
- Leistungsbeobachtungen,
- Beschreibung der Stärken in Ihrem Fach,
- Vorlieben des Schülers in Ihrem Fach,
- Beiträge zum Gelingen des Unterrichts,
- administrative Ämter,
- ein Foto.

Schreiben Sie am Ende jeder Stunde auf die Bögen von fünf Schülern bewertungsfreie Beobachtungen zumindest in Halbsätzen nieder.
Notieren Sie das Datum, das Stoffgebiet und wie es dem Schüler damit ergangen ist.
Fragen Sie beizeiten nach, was den Schüler an Ihrem Fach interessiert.

Der Schülerbogen, der so entsteht, gibt Ihnen eine hervorragende Basis, um mit dem Einzelnen über seine Note zu sprechen. Spiegeln Sie dem Schüler seine Stärken und Interessen wider. Er wird sich angenommen fühlen und Ihre Notenfindung nachvollziehen können (Tipp 82).

❯ Tipp 82

Effizient ist diese Methode, weil sie Ihnen in knapper Zeit übersichtliche und inhaltsreiche Unterlagen bereitstellt.

SCHÜLERSELBSTBEOBACHTUNGEN EINSETZEN

61

In den Tipps 59–60 wurde die Methode „Leistungsbewertung auf der Grundlage von Schülerbeobachtungen" vorgestellt. Was aber ist, wenn eine Klasse die Gerechtigkeit Ihrer diesbezüglichen Aufzeichnungen infrage stellt? Oder wie gehen Sie damit um, wenn die Klasse meint, Sie müssten ihr jede Notiz sofort mitteilen? Dann ist die Versuchung groß, wieder zu Tests und Mitarbeitskontrollen zurückzukehren. Geben Sie jedoch nicht gleich auf, sondern versuchen Sie Folgendes:

❯ Tipp 59–60

Die Schüler eine Selbsteinschätzung schreiben lassen

Sollten sich die Schüler einer Klasse selbst anders einschätzen, als Sie sie sehen, dann lassen Sie die Schüler in den letzten fünf Minuten der Unterrichtsstunde eine Selbsteinschätzung schreiben. Verkünden Sie vorab, dass jeder Einzelne von ihnen für das Gelingen des Unterrichts mitverantwortlich ist und dass die Note nicht nur die Leistung bei Tests und Klassenarbeiten, sondern jede Mitarbeit, d. h. jeden Beitrag zum Unterrichtsgeschehen umfasst. Die Schüler müssen für das Gelingen von Schule Verantwortung übernehmen (Tipp 12).

❯ Tipp 12

Zeigen Sie Ihre Zuversicht, dass die Schüler sich gute Noten verdienen werden, und freuen Sie sich auf die Beiträge auch der querköpfigsten Schüler. Kündigen Sie vorab an, dass Sie die Selbsteinschätzungen einsammeln und mit Ihren Aufzeichnungen vergleichen werden. Stellen Sie nur wenige Einser oder Plus in Aussicht. Nur wer besondere Initiative zeigt, hat darauf Anspruch.

Gleich mal ausprobieren

Die Schüler sollen im Rahmen der Selbstbeobachtung folgende drei Fragen beantworten:
▪ Was habe ich heute besonders gut gemacht?
▪ Was habe ich beigetragen, damit der Unterricht besser vorankommt oder gelingt?
▪ Wie habe ich Mitschülern geholfen, den Stoff besser zu verstehen?

Die Schüler reflektieren ihr Lernen und Verhalten

❯ Tipp 54

So sind die letzten fünf Minuten der Stunde für alle sinnvoll genutzt: Die Schüler reflektieren ihr Lernen und ihr Verhalten in der Stunde, während Sie in aller Ruhe Ihre Aufzeichnungen machen (Tipp 54).

Am Nachmittag schrieben Sie auf jede Selbsteinschätzung eine Rückmeldung aus Ihrer Sicht. Sie werden erstaunt sein, wie schnell die Schüler eine konstruktive Rolle für sich finden. Auch stellt sich klar heraus, welche Schüler sich selbst verzerrt sehen und durch Ihr Feedback viel über sich lernen können.

Achtung!

▶ Tipp 82

Rein rechtlich gilt die Selbsteinschätzung der Schüler in der Regelschule nicht als Leistungsbewertung. Nur Lehrpersonen sind dazu berufen, Leistungen festzustellen. Daraus kann aber nicht der Schluss gezogen werden, dass Zensuren ohne Dialog mit den zu Beurteilenden entstehen müssen (Tipp 82). Das Schulrecht lässt uns bei der Art der Urteilsfindung freie Hand. Dies sollten Sie tunlichst nutzen.

EINE KLASSE ANHAND DER KLASSENAUFSTELLUNG KENNENLERNEN

62

Manche Klassen sind für den Lehrer ein Mysterium. Nur zu gerne will man wissen, wie die Schüler zueinander und zu einem selbst stehen. Denn die unausgesprochenen Verbindungen und Distanzierungen bilden ein soziales Netz, das aus Ihren neutral gemeinten Beurteilungen in den Augen der Schüler parteiische Verurteilungen werden lässt. Da tappt man bald im Dunkeln.

Ein gutes Mittel, Ihre unbewussten Beobachtungen in einer solchen Klasse ans Licht zu bringen, ist eine Klassenaufstellung mit selbst gebastelten Figuren.

Gleich mal ausprobieren

Basteln Sie für jeden Schüler und für sich selbst eine Figur: Verschieben Sie die Figuren – ausgehend vom Sitzplan –, bis Ihnen die Positionen der einzelnen Schüler zueinander und zu Ihnen schlüssig erscheinen.

Gerade Erfahrungen, die Sie ganz beiläufig in der Klasse gemacht haben, können anhand dieser Methode zu einem realistischeren Bild der Schüler beitragen (Tipp 55).

▶ Tipp 55

63

JAHRESNOTEN IM MAI VERGEBEN

Es ist Ende Mai und die stressigste Zeit des Schuljahres beginnt: Jetzt heißt es, die Ernte einzufahren und zu Notenentscheidungen zu kommen. Von wem muss ich noch was sehen? Wen muss ich noch prüfen? Wer hat noch unverzeihliche Lücken?

Den Notenstress zum Schuljahresende vermeiden

Dieser Stress ist hausgemacht, wie die folgenden Argumente zeigen:

- Erstens stehen die meisten Schüler im Mai auf derselben Note, auf der sie im Dezember standen.
- Zweitens wird in den letzten vier Wochen des Schuljahres aus einer Vier keine schlechtere Note und daher auch keine bessere mehr. Vielleicht haben Sie Angst, dass die Faulen eine Vierergarantie ausnutzen. Aber selbst wenn der eine oder andere die Hände in den Schoß legt und nichts mehr lernt, er erhält von Ihnen ohnehin keine gute Note und Sie geraten bei weiteren Leistungsprüfungen nur in Stress (Tipp 26).

❯ Tipp 26

- Drittens hatten die Schüler im Laufe des gesamten Schuljahres genügend Zeit, Wissenslücken auszubessern. Nun, kurz vor Schuljahresende, muss es für jeden Schüler darum gehen, sich ganz dem laufenden Unterricht zu widmen (Tipp 12). Wenn Sie schwachen Schülern in Aussicht stellen, durch eine Prüfung über vergangene Stoffgebiete eine bessere Note zu erreichen, werden diese Schüler im laufenden Unterricht wieder zu wenig aufmerksam sein.

❯ Tipp 12

- Viertens sind die Noten die der Schüler und nicht die der Lehrer. Es sind die Schüler, die sich entscheiden, gute oder schlechte Noten haben zu wollen. Diese Entscheidung ist von uns zu respektieren (Tipp 14).

❯ Tipp 14

Erleichtern Sie sich das Schuljahresende, indem Sie die Notenerwartung der Schüler frühzeitig an Ihre professionelle Einschätzung angleichen. Nutzen Sie den Willen der Schüler, die sich verbessern wollen, für den laufenden Unterricht. Zeigen Sie Verständnis für diejenigen, die sich auf ihren Lorbeeren ausruhen wollen. Dadurch nehmen Sie viel Druck aus den Stunden zu Schuljahresende und viel Anstrengung von sich selbst. Die letzten Wochen des Schuljahres sind auch so anstrengend genug.

Gleich mal ausprobieren

- Geben Sie bereits Anfang Mai die voraussichtlichen Zeugnisnoten bekannt.
- Legen Sie auch die Spielregeln fest, wie sich die Noten noch verändern können: Geben Sie den Schülern die Chance, mit außerordentlichen Beiträgen zum kommenden Unterricht oder Extraaufgaben die Note zu verbessern. Dann können Sie die Notendiskussionen Mitte Juni/Anfang Juli in aller Ruhe und Gelassenheit führen (Tipp 82). Und dazwischen haben Sie den Kopf frei für den Unterricht.

❯ Tipp 82

LIEBEN SIE IHR FACH!

64

Während die Wochen des Schuljahres voranschreiten, durchqueren Sie mit Ihren Klassen Stoffgebiet um Stoffgebiet. Immer wieder müssen Sie nach alten Unterrichtsmaterialien suchen und neue anfertigen. Kaum ist die eine Stunde unter Dach und Fach, warten schon neue Herausforderungen auf Sie. Dabei tritt Ihr persönliches Interesse an den vermittelten Inhalten nur zu schnell in den Hintergrund. Doch Sie unterrichten nicht irgendwelche austauschbaren Stoffgebiete, sondern Fächer, für die Sie sich interessieren und in die Sie in den vergangenen Jahren hineingewachsen sind. Daraus resultiert eine tiefe Verbundenheit mit ihnen, aus der Sie immer wieder neu Kraft schöpfen können (Tipp 37).

Erinnern Sie sich zurück an die vielen Aha-Erlebnisse, Ihre Neugier und die gemeisterten Stolpersteine im Studium. Sie fanden und finden vielleicht das eine oder andere Kapitel mühsam, aber insgesamt waren Sie immer bereit, das hinzunehmen, weil Sie Ihr Fach lieben.

Aus der Verbundenheit mit dem Fach Kraft schöpfen

❯ Tipp 37

Und nun versuchen Sie, den Schülern die wichtigsten Daten und Eckpunkte zu vermitteln. Sie strukturieren die Informationen und vermitteln sie der Klasse auf anschauliche Art und Weise. Sind Sie wirklich damit zufrieden, wenn die Schüler das Fach im Gegenzug einfach nur „abhaken" wollen? Und vor allem: Sollen die Schüler von Ihnen glauben, dass Sie auch so über Ihr Fach denken?

Gleich mal ausprobieren

- Erzählen Sie den Schülern in der nächsten Unterrichtsstunde von der Faszination, die der jeweilige Stoff auf Sie ganz persönlich ausübt.
- Berichten Sie der Klasse auch von Ihren Anstrengungen im Studium (**Tipp 65**).
- Zeigen Sie Ihren Stolz auf Ihr Wissen und Ihre Erfahrung.

> Tipp 65

Damit knüpfen Sie emotional an Ihre Lernerfahrung und Ihren Erfolg als Lehrer an. Sie rufen sich Zeiten der Begeisterung in Erinnerung – nicht nur die „alten Studienzeiten", sondern z. B. auch Lernerlebnisse bei der Erarbeitung neuer Stoffgebiete oder bei interessanten Exkursionen. Wenn Sie im Unterricht davon erzählen, schöpfen Sie neue Kraft aus Ihrer eigenen Begeisterung für das Fach – zeitsparend in der Unterrichtszeit.

Vorbildwirkung ausüben

Als positiver Nebeneffekt stiften Sie durch Ihre offen gezeigte Begeisterung bei vielen Schülern Sinn und zeigen vorbildhaft, wie wichtig die Wahl eines erfüllenden Berufes ist. Sie werden auch Kraft daraus schöpfen, den Schülern zuzusehen, wie sie mit ihren Stärken Ihr Fach auf eigene Weise erkunden. Schaffen Sie also im Schulalltag oft Platz für Ihre Liebe zu Ihrem Fach!

65

Eine der großen Anstrengungen des Lehrberufs ist die Rollendarstellung auf Tuchfühlung. Die bekannte Aufforderung „Seien Sie Sie selbst!" ist kein Ausweg, weil wir in der Unterrichtsstunde mit den Schülern zusammenkommen, um in einen zielgerichteten Dialog zu treten. Dabei sollen wir professionellerweise eine Lehrerrolle einnehmen. Und auch die Kinder und Jugendlichen sollen in der Schule nicht lediglich „sie selbst", sondern aktiv Lernende sein. Das strengt uns alle an.

Lehrer und Schüler befinden sich in bestimmten Rollen

In einigen nicht unwichtigen Punkten ist die Lehrerrolle gegen die Schülerrolle gestellt: Die Schüler sollen ihren Wissensdurst einbringen, aber wir müssen den Stundenrhythmus durchsetzen, den die Schulglocke vorgibt. Wir unterliegen u. a. dem streng hierarchischen Dienstrecht, die Schüler hingegen ausschließlich dem an den guten Willen aller appellierenden Schulgesetz. Wir gestalten den Unterricht, während sich die Schüler erst mühsam als Gruppe organisieren müssen, um Änderungen durchsetzen zu können. Diese Gräben zwischen den Rollen können Sie nicht zuschütten, jedoch immer wieder überbrücken.

Gräben zwischen den Rollen überbrücken

Gleich mal ausprobieren

Zeigen Sie sich im Unterricht als „Meister zum Anfassen".

- Erzählen Sie den Schülern beispielsweise von Ihrem Scheitern in bestimmten Lernsituationen (z. B. wie Sie eine Prüfung im Lehramtsstudium wiederholen mussten oder zu welchen Tricks Sie genötigt waren, um sich Fakten merken zu können).
- Zeigen Sie – mit etwas Risiko – eigene Unsicherheit. Sie riskieren dadurch zwar den einen oder anderen Angriff, aber insgesamt werden die Schüler mehr Vertrauen zu Ihnen fassen und Ihnen im Gegenzug ihre Schwierigkeiten mit dem Fach o. Ä. mitteilen.
- Teilen Sie wiederum den Schülern mit, warum sich der Aufwand für Sie lohnt, in die Lehrerrolle zu schlüpfen und sich nicht einfach gehen zu lassen.

▬ Betonen Sie die Rollenaufgaben, die Lehrern und Schülern gleichermaßen zukommen: ein angenehmes Klima herstellen, Lernerfolg anstreben, Anerkennung erreichen. Damit können Sie eine tragfähige Brücke zu den Schülern bauen, über die Sie positives Feedback erhalten werden (Tipp 80).

❯ Tipp 80

Achtung!

Legen Sie Wert darauf, dass die von Ihnen gezeigte Blöße respektvoll behandelt wird. Sollte dies nicht der Fall sein, so thematisieren Sie es im Unterricht.

MEHR PROFI-TALK MIT KOLLEGEN

66

Unterricht besteht nicht nur aus dem Dialog zwischen Lehrer und Schülern, sondern auch aus dem unter uns Lehrern. Wir Profis brauchen gute Gespräche über unsere Arbeit, um neue Ideen zu entwickeln oder Unterstützung in stressigen Situationen zu erhalten (Tipp 4).

❯ Tipp 4

Durch die Arbeitsorganisation an der Schule sind wir dazu verleitet, intensive Kooperation mit Kollegen zu vermeiden. Wir neigen dazu, eine Fassade der Souveränität aufzubauen. Und wenn Sie einen Kollegen schließlich doch einmal mit einem Problem aus Ihrem Unterricht konfrontieren, erhalten Sie nur zu oft einen besserwisserischen Ratschlag. Damit ist Ihnen nicht nur nicht geholfen, Sie werden auch in Ihrer Kompetenz herabgesetzt (Tipp 91).

❯ Tipp 91

Doch was ist für Sie effektiver, als mit Unterrichtsprofis über Unterricht zu sprechen? Wie sonst kommen Sie zu guten Anregungen? Wer sonst versteht die Gründe für Ihre Erfolge und Misserfolge? In der Schule, wo wir gern und gut unterrichten wollen, müssen wir uns über gelungene und weniger gelungene Unterrichtsrezepte austauschen – egal, ob die Strukturen dies vorsehen oder nicht. Dazu bieten sich

Gemeinsame Mittagessen zum Austausch nutzen

selten die Pausen an, manchmal gemeinsame Freistunden und oft einfach ein gemeinsames Mittagessen.

Achtung!

Es geht nicht darum, sich in solchen Gesprächen die Sorgen von der Seele zu reden, sondern um einen offenen Austausch über Unterrichtsmethoden und Erziehungsaufgaben. Gespräche mit dem Fokus auf erfolgreiche Unterrichtsgestaltung, die getragen sind von gegenseitigem Respekt, inspirieren Sie und geben Ihnen Kraft für Ihren Weg zu mehr Erfolg im Unterricht. Die Gesprächsbasis dafür müssen Sie jedoch erst langsam aufbauen.

Gleich mal ausprobieren

Stellen Sie einem Kollegen die unverbindliche Frage nach seinem Lieblingskapitel und einem schönen Erfolg in seinem Unterricht, erzählen Sie von einem eigenen Erfolg und feiern Sie diese Erfolge gleich bei einem Kaffee.

Ein guter Weg, um zu einer Gesprächsbasis zu kommen, ist es, Kritik zu vermeiden und Lob bzw. Zustimmung in den Vordergrund zu rücken. Vielleicht besteht ein gemeinsames Interesse an der Entwicklung des Unterrichts – sicherlich aber an weiteren Erfolgen, die man feiern kann.

Bereichernd ist es auch, jemanden zu finden, der andere Methoden bevorzugt, um Vorurteile zu hinterfragen und Respekt aufzubauen. Orten Sie wie ein Sonar, welche Kollegen zu einem professionellen Dialog bereit sind. Vielleicht genügt es Ihnen, jedes Schuljahr mit einem Kollegen engeren Kontakt zu knüpfen.

Der Profi-Talk soll sich um die Freude am Unterrichten drehen. Misslungene Stunden oder Schwierigkeiten sind nur der Aufhänger, um über passende Methoden und Strategien zu sprechen. Dabei gibt ein längeres, tiefes Gespräch schon viel Kraft – unter Umständen für etliche Wochen. Ist einmal eine gute Gesprächsbasis hergestellt, benötigen solche Unterhaltungen immer weniger Zeit, sodass sie im Einzelfall als Pausengespräch durchgehen können. Lassen Sie die nächste Klasse ruhig einmal zwei Minuten warten, reden Sie fertig und tanken Sie dabei Kraft.

67

Sich ein kooperatives Umfeld schaffen

Von einem kooperativen Umfeld sollten wir nicht träumen, sondern es konkret schaffen: Das beginnt bei der Zurverfügungstellung eigener Unterlagen oder dem Aufbau einer Lehrmittelsammlung. Substanzieller ist die Bereitschaft, im Falle des Falles Arbeitslasten von anderen zu übernehmen. Je konsequenter Sie Ihre Kollegen unterstützen, desto eher werden Sie auf Unterstützung zählen können.

Wie mühlselig ist es, jedes Problem selbst lösen zu müssen. Und wehe, die Belastung steigt: Es werden einem neue Fächer zugeteilt, die schwierigen Klassen häufen sich (Tipp 83) oder es läuft privat gar nicht gut. Allein die Gewissheit, dass jede weitere Belastung zum Zusammenbruch führen könnte, schafft Stress und schwächt. Dazu kommen die alltäglichen (unnötigen) Hürden, die durch die unzureichende materielle und personelle Ausstattung Ihrer Schule verursacht werden. Wie mag es da erst den Berufsanfängern gehen? Sie fühlen sich, ebenso wie die Kollegen, die die Schulform wechseln oder fachfremden Unterricht halten müssen, überfordert. Oftmals merkt niemand etwas davon. Wer gibt von sich aus schon gern zu, überfordert zu sein?

▶ Tipp 83

Gleich mal ausprobieren

Bitten Sie, wenn Sie das nächste Mal in Ihrem Schulalltag Schwierigkeiten ausgesetzt sind oder Probleme aufkommen, Kollegen um Unterstützung, bevor Sie sie selbst lösen. Zu erfahren, dass Kollegen Ihnen mit Rat und Tat zur Seite stehen, gibt mehr Kraft, als nur auf sich selbst zu vertrauen. Fragen Sie beispielsweise einmal einen Kollegen um Hilfe, mit dem Sie wenig Kontakt haben (Tipp 66).
Genießen Sie jede Unterstützung, die Sie erhalten!

▶ Tipp 66

SOS-Tipp

Seien Sie sich, wenn Sie Kollegen um Hilfe bitten, stets bewusst: Auf eine Bitte darf auch mit Nein geantwortet werden. So unangenehm es ist, abgewiesen zu werden, so belastend ist eine widerwillige Zusage. Unterstützung aus purer Höflichkeit wirkt oberflächlich und ist meist nicht besonders hilfreich. Gewähren Sie auch selbst nur Hilfen, für die Sie wirklich Kompetenz und Zeit haben. Dann kommt der Kollege in den Genuss echter Unterstützung.

ENTSPANNUNG FÜR ALLE

68

Die Schulglocke wurde aus guten Gründen eingeführt. Nicht zuletzt, um den Schülern einen dichten Unterrichtstag über lange Zeit zu garantieren – und den Lehrern eine zeitliche und stoffliche Eingrenzung, die Unterricht planbar macht. Dass sie dennoch bei den betroffenen Gruppen Stress erzeugt, kann man als unerwünschte Nebenwirkung betrachten (Tipp 26).

❯ Tipp 26

So wie es Ihnen selbst oft nicht gelingt, die Pausen zur Entspannung zu nutzen, so gelingt das den Schülern meist noch viel weniger. Oft sind ruhige Unterrichtsstunden die einzige Erholung im Tagesablauf eines jungen Menschen, der um seine Rolle in der Klasse genauso kämpft wie in Auseinandersetzungen mit seinen Eltern. Und stellen Sie sich vor, wie angenehm es für Sie selbst ist, nach einer arbeitsreichen, vielleicht sogar stressigen Pause die nächste Stunde mit einer tiefen Entspannung zu beginnen (Tipp 43). Da macht es Freude, aus dem quirligen Lehrerzimmer in die Klasse zu gehen, denn dort erwarten Sie Momente der Ruhe.

❯ Tipp 43

Gleich mal ausprobieren

Bieten Sie dem gemeinsamen Bedürfnis nach Entspannung im Unterricht Platz. Eine Gedankenreise (Tipp 45) ist dafür genauso hilfreich wie eine Atemübung (Tipp 46). Probieren Sie verschiedene Methoden aus. Im Vordergrund sollte allerdings Ihre eigene Entspannung stehen. Seien Sie „der führende Teilnehmer" und lassen Sie Ihre Lehrerrolle los. Ihr Ziel ist weniger, Entspannung zu lehren, als zu praktizieren.

❯ Tipp 45
❯ Tipp 46

Im Verlauf eines Arbeitstages sind Entspannungsübungen in der Unterrichtsstunde eine gute Möglichkeit, die berufstypische 14-Uhr-Erschöpfung zu vermeiden. Wenn Sie die Entspannung auf den Nachmittag verschieben, wird Ihnen die Zeit und Kraft fehlen, sich tatsächlichen Ausgleich zu Ihrem anstrengenden Beruf zu organisieren. Tun Sie alles, um am Nachmittag fit zu sein! Verschieben Sie Erholung auch nicht auf die Ferien oder auf den St.-Nimmerleins-Tag. Jeder Tag soll Sie stärken, jeder Abend Ihnen und Ihren Lieben zur Verfügung stehen. Jede Unterrichtsstunde soll für Sie eine Pause bereithalten.

69 DELEGIERBARE AUFGABEN FINDEN

Unser Beruf beinhaltet viel unentgeltliche Verwaltungsarbeit. Die Schulbehörden können eines sehr gut: Arbeit nach unten weitergeben. Oft delegieren sie Eingaben, Erhebungen und Berechnungen an die Schulen und uns Lehrer. Mehr als je zuvor sind wir damit beschäftigt, Dokumentationen in Form von Formularen und Listen zu erstellen, die die Verwaltung für ihre eigenen Zwecke braucht. Machen Sie da nicht mehr mit, machen Sie es genauso: Delegieren Sie (Tipp 70)!

> Tipp 70

Lassen Sie die Schüler alle Listen selbst führen und alle Formulare selbst ausstellen. Das beginnt mit der Klassenordnerliste und endet bei den Fehlstunden. Klassenbuch, Geld einsammeln – spielen Sie nicht „heile Welt" (Tipp 41), verstecken Sie die Bürokratie nicht vor den Schülern.

> Tipp 41

Gleich mal ausprobieren

- Zerlegen Sie eine Verwaltungsaufgabe in einzelne Arbeitsschritte: Sammeln der Informationen, förmliche Niederschrift, Kontrolle, Beglaubigung durch Unterschrift.
- Fassen Sie alle Arbeitsschritte zusammen, die die Schüler selbstständig erledigen können. Erstellen Sie eindeutige Arbeitsaufträge für diese Schritte.

Um die Ecke gedacht

Es kann nicht unsere Aufgabe als Lehrer sein, den Schülern alle Schwierigkeiten aus dem Weg zu räumen. Wir müssen ihnen immer wieder die Gelegenheit geben, etwas Wichtiges zum „echten Leben" beizutragen. Die Schüler erleben die ihnen übertragenen Aufgaben als großen Vertrauensvorschuss und können sich dadurch aus eigener Kraft mehr Achtung erarbeiten. Denn was macht stolzer, als jemand zu sein, auf dessen Beitrag es ankommt?

SCHÜLERGERECHT DELEGIEREN

70

Wenn Sie mit dem Delegieren von Verwaltungstätigkeiten starten (Tipp 69), werden die Schüler Ihre Aufträge zunächst möglicherweise unvollständig oder falsch ausführen. Sie werden sich dann denken: „Hätte ich das nur selbst gemacht!" Gehen Sie der Bürokratie nicht in die Falle! Meist liegt es an der Formulierung des Arbeitsauftrags: Seien Sie eindeutig – aber lassen Sie den Schülern auch freie Hand. Helfen Sie zwischendurch auf keinen Fall, sondern warten Sie den vereinbarten Abgabetermin ab. Sie werden staunen.

❯ Tipp 69

Auf die Formulierung des Arbeitsauftrags achten

Achtung!

Sie haben sicherlich eine recht genaue Vorstellung davon, wie eine bestimmte Verwaltungsaufgabe erledigt werden soll: Welche Liste erstellt werden soll, wie Formulare ausgefüllt werden sollen usw. Diese Vorstellungen können Sie nicht delegieren, sondern nur den Sinn der Aufgabe, z.B. eine Liste abzugeben, auf der vermerkt ist, wer welchen Schrankschlüssel besitzt. Übernehmen Sie nur die Qualitätsprüfung, ob die Liste oder das Formular aussagekräftig genug ausgefüllt ist. Seien Sie in der Wahl der Form großzügig und Sie werden überrascht sein, wie gern und gut die Schüler die ihnen übertragenen Verwaltungsaufgaben erfüllen.

Bei etlichen Verwaltungsarbeiten (z. B. Berichte und Erhebungen für geförderte Projekte verfassen) gibt es auch den positiven Aspekt, dass sie dem Ganzen (der einzelnen Schule oder allen Schulen) zuträglich, also indirekt sinnvoll sind. Das ist aber noch kein Grund, dass Sie diese Arbeiten an sich reißen. Führen Sie die Schüler in die gesellschaftliche Realität der Bürokratie ein.

Gleich mal ausprobieren

- Formulieren Sie Ihren Arbeitsauftrag zuerst als Beschreibung des Arbeitsresultats wie: „Bitte fertige eine Liste für die Klassenfahrt an, auf der die Namen, Krankenversicherungsnummern und die Telefonnummern der Eltern stehen."
- Geben Sie für die Ausführung nur Tipps, wenn die Schüler Sie fragen („Soll ich die Krankenversicherungsnummern mit oder ohne Abstände schreiben?"). Lassen Sie sie in ihrem neuen „Amt" einfach einmal machen (Tipp 16).

❯ Tipp 16

- Vereinbaren Sie einen Zwischentermin, um allenfalls mit Rat (und ohne Tat) zu helfen („Bitte schreibe in Klammern dazu, wie der Elternteil heißt").

❯ Tipp 71

- Stellen Sie den Schülern eine Belohnung in Aussicht (Tipp 71).

VERWALTUNGSARBEITEN BELOHNEN

71

Geben Sie den Schülern, was Ihnen selbst oft verwehrt bleibt: Anerkennung und Belohnung für administrative Tätigkeiten. Ermutigen Sie auch diejenigen Schüler, die sich vor solchen Aufgaben am liebsten drücken. Sie werden an ihrer Aufgabe wachsen.

Belohnungs-
varianten

Die Arbeits- und Sozialverhaltensnote bietet sich als Belohnung an, wenn sie an Ihrer Schule aussagekräftig gestaltet wird. Ein kleines Geschenk, eine Medaille oder ein Zertifikat können ebenfalls als Belohnung dienen. Ist die Aufgabe ein Beitrag zum Unterrichtsgeschehen, dann darf die Leistung natürlich in die Note einfließen.

Achtung!

Wenn Sie verstehen, was an der jeweiligen administrativen Aufgabe wichtig ist, bzw. sich bewusst machen, inwiefern Sie später selbst kontrolliert werden, dann fällt es Ihnen leichter, den Arbeitsauftrag an die Schüler eindeutig zu formulieren. Sie werden das Arbeitsergebnis der Schüler – auch wenn es etwas von Ihren Vorstellungen abweicht – schätzen und nach oben als Ihre Arbeit weitergeben können. Vollständigkeit ist außerdem wichtiger als Termintreue. Besser, Sie werden gerügt, als Sie erledigen doch wieder alles selbst.

Im Laufe der Zeit werden Ihnen immer mehr Arbeiten einfallen, die Sie an die Schüler delegieren können (Tipp 69). ❯ Tipp 69 Sie erreichen damit für sich selbst Arbeitsentlastung und die Schüler erhalten von Ihnen mehr Wertschätzung.

Gleich mal ausprobieren

- Führen Sie eine Klassenliste, auf der Sie die anfallenden Aufgaben notieren (Tipp 16). ❯ Tipp 16
- Stellen Sie eine Belohnung für die Erledigung der administrativen Aufgaben in Aussicht.
- Bevorzugen Sie, wenn sich mehrere melden, leistungsschwächere Schüler.
- Bestehen Sie auf einer vollständigen Erledigung – seien Sie geduldig.

72

Sie kennen diese Konferenzen und Besprechungen: Eine Person bringt wichtige Informationen vor. Fragen dazu werden abgehandelt. Ende.

Während Sie in einem solchen Meeting sitzen, ärgern Sie sich, denn eine E-Mail hätte es auch getan (Tipp 73). Noch mehr ärgern Sie sich, wenn die an die Leinwand projizierten Überschriften und Halbsätze einfach vorgelesen werden. Das hätten Sie sich selbst schneller durchlesen können. Ihre Fragen dazu wären präzise und per E-Mail einfach zu beantworten gewesen. So aber stellen Sie die Fragen nicht, um die Konferenz nicht unnötig in die Länge zu ziehen. Da es den meisten Ihrer Kollegen auch so geht, kommt es erst recht zu keinem Gedankenaustausch. Auf solchen „Verkündigungskonferenzen" erreicht die Information sicher nicht die gewünschten Empfänger. Ist sich dessen niemand bewusst?

Konferenzen stärken das Wirgefühl

Es gibt allerdings auch gute Gründe, Konferenzen abzuhalten: Solch eine Versammlung stärkt das Wirgefühl. Das macht sie für viele Kollegen auch sehr attraktiv. Man kommt aus dem engen Horizont der eigenen Aufgaben oder gar des eigenen Büros hinaus und erlebt etwas gemeinsam mit Leuten, mit denen man sonst kaum etwas zu tun hat. Sie tun sich leichter, wenn Ihnen der eigentliche Sinn einer bestimmten Konferenz im Vorhinein bewusst ist.

Sich den Sinn der Konferenz im Vorhinein bewusst machen

❯ Tipp 73

Gleich mal ausprobieren

Stellen Sie sich im Vorfeld einer Konferenz folgende Fragen:

- Werde ich dort persönlich um meine Meinung gefragt?
- Werde ich etwas Interessantes von den Vortragenden erfahren?
- Werde ich erfahren, was die Kollegen denken?
- Werde ich Kollegen sehen, die ich sonst nur selten treffe?
- Werde ich anderen mit Beifall gratulieren können?

Die Fragen, die Sie eindeutig mit Ja beantworten können, weisen auf den Sinn dieser Zusammenkunft hin.

73

Wenn Sie den Inhalt einer bevorstehenden Konferenz erfasst haben (Tipp 72), dann müssen Sie sich selbst fragen, ob dieser Ihnen bei Ihrer Arbeit hilfreich sein kann. Wollen Sie bei einer reinen „Verkündigungskonferenz" ein dankbares Publikum abgeben? Wird Sie das Gefühl stärken, mit anderen an einem Strang zu ziehen? Werden Sie Gelegenheit erhalten, sich mit anderen austauschen? Sie müssen entscheiden, ob Sie am Inhalt der jeweiligen Konferenz interessiert sind, – und Ihre Teilnahme davon abhängig machen (Tipp 26).

❯ Tipp 72

❯ Tipp 26

Gleich mal ausprobieren

Wie sehr trifft die Aussage auf die bevorstehende Konferenz zu? Kreisen Sie ein.

▬ Die Konferenz wird ihren eigentlichen Inhalt gut erfüllen können.

+   ~   –

▬ Nach der Konferenz werde ich mich gut fühlen.

+   ~   –

▬ Eine Nichtteilnahme wird unangenehme Konsequenzen für mich haben.

+   ~   –

Wenn Sie nirgends + einkreisen können, dann sollten Sie die Konferenz nicht besuchen. Finden Sie gute Gründe, um ihr fernzubleiben. Sie versäumen nichts. Oft erfahren Sie in einem gelungenen Zweiergespräch in kürzerer Zeit mehr. Bekämpfen Sie Ihr Beamten-Pflichtbewusstsein und entlasten Sie sich.

74

Sollten Sie selbst eine Konferenz einberufen, dann gestalten Sie diese effektiv.

Gleich mal ausprobieren

- Kürzen Sie die Tagesordnungspunkte auf die wirklich notwendigen Themen.
- Nehmen Sie sich diese Liste vor und streichen Sie nochmals die Hälfte der Punkte weg.
- Danach ordnen Sie die Punkte nach Wichtigkeit und setzen nur die ersten zwei auf die offizielle Tagesordnung.
- Die übrigen Themen erläutern Sie als Informationen in der Einladungs-E-Mail.

Kollegen einbeziehen

Sollten Kollegen bei dem anberaumten Treffen den einen oder anderen Punkt besprechen wollen, werden sie Ihnen dies im Vorfeld sicherlich mitteilen. In diesem Fall können Sie den betreffenden Punkt wieder auf die Tagesordnung setzen – oder Sie beauftragen den jeweiligen Kollegen, das gewünschte Thema selbst vorzubereiten.

SOS-Tipp

Denken Sie daran, dass jede wichtige Information, auch wenn sie komplex ist, in einer Minute vorgetragen werden kann. Redezeit darüber hinaus ist nur dann angebracht, wenn die Konferenzteilnehmer durch den Vortrag unterhalten werden.

Sollten Sie einen Drang zur Selbstdarstellung spüren, dann behandeln Sie Ihre Kollegen wie ein zahlendes Publikum: Liefern Sie ein gute Show (Tipp 38)! Das macht allen die Anwesenheit leichter, die keine glaubwürdige Ausrede für ihr Fernbleiben gefunden haben.

▶Tipp 38

75

In Deutschland sind wir Lehrer im Grunde noch kaiserliche Beamte. Auch wenn die Ministerien uns den Beamtenstatus in einigen Fällen nominell vorenthalten, so erwarten sie von uns doch ein Beamtenverhalten. Das drückt sich in den Formulierungen der Erlasse genauso aus wie im Bundesbeamtengesetz, dem wir untergeordnet sind. Darin werden wir aufgefordert, uns „mit vollem persönlichem Einsatz unserem Beruf zu widmen" (BBG 2009 § 62 Abs. 1). Auch das Landesbeamtengesetz in Nordrhein-Westfalen sowie in anderen deutschen Bundesländern schreibt vor: „Der Beamte hat sich mit voller Hingabe seinem Beruf zu widmen" (LBG NRW § 57 Abs. 1). Der Auftrag zur „vollen Hingabe" und zum „gewissenhaften Engagement" gilt allerdings nur für den gesetzlichen Auftrag. Der Beamte darf nicht aus eigenem Antrieb oder gar unternehmerischem Geist handeln. Als Amtsperson darf er seine Befugnisse nicht überschreiten, darf die verfügten Arbeitsabläufe nicht verlassen.

Was im Meldewesen funktioniert, führt im Schulwesen zu eklatanten Widersprüchen. Ein engagierter Unterricht verletzt schnell irgendeine Vorschrift. Andererseits weckt „Unterricht nach Vorschrift" den Unmut der Schüler und zieht oft Amtsstubenzynismus nach sich.

Unterricht nach Vorschrift?

Die Erlasse der Kultusministerien sind voll von Handlungseinschränkungen (Hausübungsobergrenze, Aufsichtserlasse, Pausenordnungen usw.), die vordergründig fast absurd wirken und sich oft widersprechen (Tipp 26).

❯ Tipp 26

Um die Ecke gedacht

Anstatt sich an den Kopf zu greifen und zu fragen, wie sich die Juristen denn das alles in der Realität vorstellen, sollten Sie daran denken, dass hinter diesen Erlassen juristisch und bürokratisch denkende Menschen stehen, die dasselbe wollen wie Sie: eine gute Schule anbieten. Die Ministerien drücken mit ihren Veröffentlichungen eine Meinung aus, wie Schule gelingen könnte. Diese Meinung kann durchaus falsch sein.

Gleich mal ausprobieren

Machen Sie Ihre eigene Meinung, wie Unterricht gelingt, zur Basis Ihres Handelns. Probieren Sie einfach alles aus, was Sie für sinnvoll halten (Tipp 37) und bleiben Sie Ihrem Weg treu. Zerbrechen Sie sich vor allem nicht den Kopf über Erlasse und Vorschriften. Ihre Vorgesetzten machen Sie früh genug darauf aufmerksam (Tipp 77). Sie finden dann sicherlich gemeinsam einen Weg, Ihren guten Unterricht weiterführen zu können.

Vergessen Sie nicht, dass eine einwandfreie Befolgung aller Vorschriften Sie sogar von gutem Unterricht ablenken kann. Setzen Sie die Erlasse in Ihrem Sinne produktiv um, denn nur guter Unterricht bringt Ihnen Zufriedenheit (Tipp 2).

❯ Tipp 37

❯ Tipp 77

❯ Tipp 2

ZWISCHENABLAGE UMZUGSKARTON

76

Zum Schuljahresende türmen sich die Stapel auf den Lehrertischen: Klassenarbeiten, Arbeitsblätter, Portfolios, Aufzeichnungen und Kopien von längerfristigem Interesse. Mit der Höhe der Stapel nehmen auch die Selbstvorwürfe zu: „Hätte ich doch alles gleich eingeordnet!"

Ein schlechtes Gewissen baut sich auf

Im Schulnetz sammelt sich zudem in Form von Bild- und Textdateien Gigabyte um Gigabyte. Wer hat da noch den Durchblick? Irgendwann einmal, sagen Sie sich, muss ich die Dateien durchforsten.

Bestünden die Stapel wirklich aus wichtigen Papieren, hätten Sie sie schon längst bearbeiten müssen. Doch bis echter Bedarf nach einer der Unterlagen oder Dateien aufkommt, bietet sich ein Umzugskarton oder Ordner im Schulnetz als Zwischenablage an – ehe alles schließlich doch im Papierkorb landet.

Gleich mal ausprobieren

Organisieren Sie sich zum Ende des Schuljahres einen Umzugskarton und füllen Sie ihn mit allen Unterlagen, die Sie quälen.

- Stellen Sie den Karton im Keller ab (am besten in dem der Schule) und schreiben Sie das Datum darauf.
- Öffnen Sie den Karton ein Jahr später, um den gesamten Inhalt zum Altpapier zu kippen.
- Füllen Sie den Karton nun mit den aktuellen „Die sollte ich auch mal durchsehen"-Unterlagen. Neues Datum drauf und ab in den Keller.
- Tun Sie dasselbe mit Ihren Dateien: Erstellen Sie einen Jahresordner, in den Sie alle Dateien verschieben. Weil Speicherplatz heute so billig ist, brauchen Sie diesen Ordner nicht einmal zu löschen.

Die Zeit, die Sie brauchen, um aus dem Karton eine Unterlage hervorzukramen, wird immer wesentlich kürzer sein als die Zeit, die Sie die sorgsame Sortierung und Archivierung gekostet hätte.

Suchen geht schneller als Sortieren

Indem Sie alles ein Jahr lang aufbewahren, gehen Sie zudem sicher, nichts frühzeitig weggeworfen zu haben. Was Sie in dieser Zeit nicht gebraucht haben, werden Sie nie wieder brauchen (Tipp 2). Nur sehr seltene Ausnahmen bestätigen diese Regel.

❯ Tipp 2

DER REST ERLEDIGT SICH VON SELBST

77

To-do-Listen sind eine beliebte Technik, um sich selbst am Vergessen von Aufgaben zu hindern. Die Kehrseite der Medaille ist eine ständig präsente Ermahnung, was noch alles zu erledigen ist. Die Listen werden zudem meist länger und länger und belasten das Gewissen (Tipp 56).

❯ Tipp 56

Bedenken Sie daher Folgendes: War es wirklich Nachlässigkeit, die Sie an der frühzeitigen Erledigung der einen oder anderen Aufgabe hinderte? Wieso haben Sie die Aufgabe nicht gleich erledigen wollen? Wahrscheinlich gab es Wichtigeres zu tun. Eine innere Stimme bremste Ihren Fleiß, eine Stimme, die sich aus den vielen Erfahrungen unnötiger Anstrengungen speiste. Wie oft haben Sie schon frühzeitig katalogisiert, um dann zu erfahren, dass von nun an und rückwirkend alles anders verwaltet werden soll? Wie viele Ordner haben Sie bereits mit interessanten Arbeitsblättern gefüllt, die Sie bisher nie wieder verwendet haben? Wie oft haben Sie sich schon um eine rechtzeitige und korrekte Abgabe bemüht, um dann mitzubekommen, dass die Abgabe des Kollegen eine Woche später mit Fehlern auch toleriert wurde? Wie oft kam es vor, dass ein Leistungsabfall auch ohne Rücksprache mit den Eltern verging?

Unwichtiges liegen lassen

Diese Erfahrungen helfen Ihnen dabei, Wichtiges von Unwichtigem zu unterscheiden. Das Unwichtige nicht zu erledigen, ist eine Strategie, die Sie schätzen sollten. Schließlich erledigen sich viele „To-do's" letztlich von selbst.

Gleich mal ausprobieren

- Erledigen Sie pro Tag nur eine Aufgabe – und zwar eine, deren Erledigung bereits angemahnt wurde.
- Nehmen Sie sich von Ihrer To-do-Liste zusätzlich nur das vor, wozu Sie wirklich Lust haben.
- Der Rest erledigt sich von selbst.

WIDERSPRUCH ERWARTEN

78

Jedes neue Stoffkapitel bringt die Unsicherheit mit sich, ob die Schüler Interesse dafür entwickeln. Jede Stunde enthält die Möglichkeit, dass die Klasse den geplanten Ablauf ablehnt. Ich muss Druck aufbauen und gehe am Stundenende verärgert in die Pause. Also – so wird einem als Lehramtsanwärter suggeriert – muss ich noch schülernäher und mitreißender sein. Manchmal spiele ich dann den Showmaster, um meine „Message" rüberzubringen. Manchmal beeindrucke ich die Schüler auch mit genialem Unterrichtsmaterial. Aber hin und wieder erwische ich mich dennoch bei dem Gedanken, dass ich noch mehr zum Edutainer werden

Lehrer als Edutainer?

muss, damit mein Unterricht beim Publikum auf Wohlwollen und Akzeptanz stößt.

Um die Ecke gedacht

Wenn Sie mit Freunden unterwegs sind und einen Ihrer Meinung nach lohnenden Umweg vorschlagen, rechnen Sie insgeheim damit, dass der eine oder andere sich dagegen aussprechen wird. Manchmal braucht die Gruppe auch etwas Zeit, um sich zu einigen. Warum sollte das in der Klasse anders sein? Wieso sollten die Schüler bei jeder Ihrer Ideen sofort in Begeisterung ausbrechen? Es ist ganz natürlich, dass Sie einmal einhellige Zustimmung und ein anderes Mal mehrheitliche Ablehnung ernten.

Denken Sie an ein Computerspiel. Es verschlingt in der Entwicklung mehrere Millionen Euro, damit es eine Chance auf die Zustimmung der Kunden hat. Zudem werden selbst die besten Spiele nur von einer Minderheit gekauft und gespielt. Niemand kann pro Woche 20 feuerwerksartige Unterrichtseinstiege liefern, die ebenso viel Neugier und Begeisterung wie ein Spieleblockbuster auslösen. Zudem hat die Konsumindustrie uns voraus, dass sie die Nichtkäufer nicht bestraft, sondern auf deren Zustimmung beim nächsten Spiel hofft. Wir Lehrer sollten uns nicht als Edutainment-Konkurrenten ins Burn-out treiben lassen.

Lassen Sie sich nicht ins Burn-out treiben!

Gleich mal ausprobieren

- Erwarten Sie bei der nächsten Direktive Widerstand oder Widerspruch.
- Freuen Sie sich an der Mehrheit, die einwilligend folgt, und ärgern Sie sich auf keinen Fall über die anderen. Lassen Sie ihnen Zeit (Tipp 80).

> Tipp 80

Wir Lehrer können von der Unterhaltungsindustrie insofern lernen, als es niemals eine Idee gibt, die alle gut finden, und immer Hoffnung, dass in Zukunft die Zustimmung für andere Projekte gewonnen werden kann. Deshalb ist es wichtig, die eigene Stundenvorbereitung für gut zu befinden, aber den Schülern (oder Eltern) nicht böse zu sein, die diese ablehnen.

Zustimmung gewinnen Sie vielleicht beim nächsten Mal

79

Die Schüler kostet es oft viel Energie, der Stunde zu folgen, ohne zu wissen, wohin es eigentlich gehen soll. Das raubt Motivation und baut Widerstand auf. Es ist für sie bedeutend angenehmer zu wissen, was auf sie zukommt. Sagen Sie es Ihnen!

Den Stundenverlauf zur Diskussion stellen

Geben Sie zu Beginn der Unterrichtsstunde eine Stundeninformation, die die vorgesehenen Methoden und die Einbettung der Lernziele in das Bildungsziel beinhaltet. Das dauert eine halbe Minute. Danach fragen Sie, ob die Klasse damit einverstanden ist. Wenn Sie von den Schülern verlangen, sich für Ihren oder einen anderen Plan zu entscheiden, dann werden mehr Schüler dem Stundenverlauf zustimmen (Tipp 10).

❯ Tipp 10

Kommt in Teilen Widerspruch auf und Sie können daraufhin eine andere Methode oder einen anderen Inhalt anbieten, dann wird die Stunde sehr entspannt und gut verlaufen. Können Sie ad hoc keine passenden Alternativen vorweisen, übergeben Sie die Verantwortung ruhig der Klasse. Gemeinsam werden Sie zu einer Lösung kommen (Tipp 12). Natürlich ist es völlig in Ordnung, dass Sie nur diese eine Stunde vorbereitet haben und nicht zu jedem anderen Thema eine solche aus dem Ärmel schütteln können. Für „Instant-Education" gibt es z. B. wikipedia.org, youtube.com/edu, planet-schule.de und ganz aktuell von der EU edutubeplus.info.

❯ Tipp 12

Instant-Education im Netz

Die Diskussion über den Stundenverlauf ist keine vertane Zeit, sondern schon die erste gemeinsame Lernaktivität. Die Schüler denken in diesem Rahmen über ihren Zugang zum Stoff nach und reden darüber. Je treffender sie ihre Meinung äußern, desto effizienter können Sie passende Stunden vorbereiten und ersparen sich lästige Leerkilometer (Tipp 55).

❯ Tipp 55

Gleich mal ausprobieren

Wenn Sie eine Stunde beginnen, stellen Sie den Schülern zuerst Ihren Plan dafür vor und eröffnen die Diskussion: „Seid ihr damit einverstanden?"

> Lassen Sie die Schüler entscheiden. Ändern oder streichen Sie auf ihren Wunsch Teile Ihres Plans. Seien Sie innerlich damit einverstanden, bei größerem Widerspruch den Plan ganz fallenzulassen. Sie werden zusammen mit der Klasse sicher einen passenderen finden.

KEIN STOFF OHNE ARBEITSBÜNDNIS

80

Ist eine Klasse darauf aus, den Unterricht zu untergraben, dann ist es an der Zeit, ihn abzubrechen und die Rollenverteilung zwischen Ihnen und den Schülern offen zur Diskussion zu stellen. Seien Sie standhaft: Ohne Arbeitsbündnis gibt es keinen Unterricht und auch keine Noten!

Bei undisziplinierten Klassen lohnt sich eine intensive – auch wochenlange – Diskussion über Lernziele und -methoden. Stellen Sie den Stoff so lange hintan, bis Sie sich mit der Klasse auf Unterrichtsmethoden und Stoffschwerpunkte geeinigt haben. Lassen Sie sich nicht von einer inneren „Stoff-Polizei" unter Druck setzen. Unterricht kann letztlich nur auf dem Fundament eines Arbeitsbündnisses gelingen (Tipp 12).

Machen Sie in der Diskussion aus Ihrer Didaktik kein Geschäftsgeheimnis, sondern weihen Sie die Schüler in den Sinn des von Ihnen vorgeschlagenen Unterrichtsstils ein (Tipp 65). Sie sollten klären, welchen Beitrag die Schüler zum Gelingen des Unterrichts leisten werden. Betonen Sie immer wieder, dass der Erfolg des Gruppenunterrichts zum großen Teil an der Anstrengungsbereitschaft der Schüler hängt. Diese müssen sich selbst disziplinieren, einander unterstützen und eigenen Interessen Platz verschaffen.

Große Differenzen zu überwinden, braucht viel Zeit

❯ Tipp 12

❯ Tipp 65

SOS-Tipp

> Kommen viele Ihrer Schüler aus autoritären Elternhäusern, wird es notwendig sein, ihr Gesprächsverhalten zu ändern. Sie sind es nicht gewöhnt, eigene Bedürfnisse zu

äußern, denn sie erwarten von ihrem Gegenüber kein Verständnis. Außerdem fehlt es ihnen womöglich an der Fähigkeit, die Wünsche anderer anzuerkennen. Erklären Sie diesen Schülern den Vorteil wertschätzender Gesprächsführung und führen Sie in der Klasse immer wieder Übungen dazu durch.

Achtung!

Bei der Diskussion über den Unterricht werden die Schüler Anforderungen an Sie stellen, die Ihren Vorstellungen widersprechen: mehr oder weniger Struktur, mehr oder weniger Sinnstiftung, mehr oder weniger individuelle Lernförderung, mehr oder weniger Üben, mehr oder weniger Notenrelevanz, mehr oder weniger Pünktlichkeit usw. Da Sie genauso wenig die Wünsche der Klasse blind befolgen wollen wie umgekehrt, gilt es, einen Kompromiss zu

❯Tipp 24   schließen (Tipp 24).

Gleich mal ausprobieren

- Beenden Sie in einer Klasse, die Ihren Unterricht boykottiert, die Stoffbearbeitung.
- In einer Diskussionsrunde (wählen Sie eine dafür geeignete Sitzordnung) sollen die Schüler herausarbeiten, was sie von der Mitarbeit abhält. Erfragen Sie ihre Wünsche, bis sie sehr

❯Tipp 55   konkret auf dem Tisch liegen (Tipp 55). Wichtig ist, dass möglichst viele Bedürfnisse zum Ausdruck kommen und von Ihnen wirklich verstanden werden. Sagen Sie den Schülern, was Sie sich von den Stunden in ihrer Klasse erwarten.
- In einer weiteren Runde ordnen Sie die Ergebnisse der Diskussion nach den Rubriken Lernziele, Lernmethoden und Zusammenleben.
- Machen Sie selbst keine Vorschläge – warten Sie geduldig

❯Tipp 14   und beständig fordernd auf die Ideen der Schüler (Tipp 14). Alle Zeit, die Sie hierin investieren, wird durch die Verbesserung des Lernklimas in den nächsten Wochen sicher aufgeholt.

> Danach (auch wenn nun schon einige Unterrichtsstunden „stofflos" vergangen sind) erarbeiten Sie mit der Klasse ein Arbeitsbündnis, das die Lernziele, Ihre Rolle als Lehrer, bevorzugte Unterrichtsmethoden und ein paar Verhaltensregeln beinhaltet.

Sie werden sehen, dass der Unterricht durch den erarbeiteten Kompromiss leichter gelingt. Die Schüler erfahren viel über das Lernen im Klassenverband und werden immer bessere Mitspieler.

ANGST GELASSEN BEOBACHTEN

81

Über Lampenfieber spricht man im Lehrerzimmer im Rahmen von Anekdoten aus der Zeit des Berufsanfangs ganz gern, aber Angst kennen wir alle angeblich nur aus dem Wörterbuch. Dabei ist sie das Gefühl, das uns Menschen am stärksten bewegt. Es kommt darauf an, ihr nicht hilflos ausgeliefert zu sein. Darüber sollte im Lehrerzimmer sehr wohl gesprochen werden (Tipp 66).

Weil Sie, wie jeder Mensch, nicht ohne Furcht sind, kann ein Schüler mit Verhaltensweisen oder Wortmeldungen bei Ihnen eine Gedankenkette der Angst auslösen: Sie fürchten um Ihr Ansehen in der Klasse, um Ihren fachlichen Ruf oder einfach um das Gelingen der Stunde. Während Sie dem Schüler durchaus schlagfertig antworten und den Unterricht fortsetzen, breitet sich Angst in Ihnen aus. Auch wenn Sie sich tapfer auf den Unterricht konzentrieren, bleibt Ihnen immer weniger Kraft dafür. Hoffentlich endet diese Stunde bald, damit Sie fliehen können.

Es ergibt keinen Sinn, als Lehrer angstfrei werden zu wollen. Akzeptieren Sie die Tatsache, dass Angst zu unserem Job dazugehört. Alles, was Sie tun müssen, ist, sich von ihr nicht jeden Handlungsspielraum nehmen zu lassen.

Ein probates Mittel ist es dabei, der Angst mit Gelassenheit zuzusehen, sich in Angst schürenden Situationen also in-

> ❯ Tipp 66
> Angst breitet sich innerlich aus

Angst gehört zum Job dazu

nerlich zu einem Beobachter der eigenen Gefühle zu machen. „Oh, jetzt hat er einen wunden Punkt getroffen. Ich spüre schon, wie die Angst um mein Ansehen (um meinen fachlichen Ruf, um den Erfolg der Stunde) in mir aufsteigt.

Teilnahmslos das
Gefühl beobachten

Ja, das ist völlig normal und gehört zu mir. Ich will der Angst einfach einmal teilnahmslos zuschauen, wie sie aufsteigt und sich dann wieder beruhigt." In dem Moment, in dem Sie ihre Angst sorgenlos als Zuschauer betrachten und als natürlich werten, verliert sie die Möglichkeit, ganz von Ihnen Besitz zu ergreifen. Sie gewinnen Handlungsspielraum, den Sie sofort für den Unterricht nutzen können.

Gleich mal ausprobieren

Folgende Vorübungen können hilfreich sein:
- Beobachten Sie täglich für eine kurze Zeit Ihre inneren Gefühle, ohne darüber nachzudenken – rein meditativ also.
- Denken Sie alle paar Tage an eine Situation in der Vergangenheit, in der Sie Angst hatten. Lassen Sie die Erinnerung an die damalige Angst zu und warten Sie entspannt auf das Nachlassen des Gefühls.

In der Angst machenden Situation im Unterricht wenden Sie sich dann kurz als gelassener Betrachter Ihrer Angst nach innen. Sie bemerken Ihre Angst und lassen sie zu. Damit haben Sie sich automatisch von der Angst abgekoppelt und bewahren einen kühlen Kopf.

Mit einiger Übung geht das in Bruchteilen von Sekunden. Ihre vermehrte Achtsamkeit gegenüber den eigenen Gefühlen gibt Ihnen mehr Impulskontrolle. In der Unterrichtssituation ist zwar keine Zeit, sich meditativ zu versenken, doch unterbricht schon diese kurze gelassene Beobachtung der eigenen Angst deren Weg zur Besitzergreifung über Sie. Damit erreichen Sie kein langfristiges Wohlbefinden, aber viel Handlungsspielraum. Ihre Stimmung wird neutral oder sogar wieder positiv und die Unterrichtsstunde gelingt wesentlich besser. Paradoxerweise gibt uns das Zulassen der Angst mehr Freiheit als der hektische Kampf dagegen oder gar die Verleugnung.

SOS-Tipp

> Der Trick funktioniert als Gedankenspiel nur, wenn Sie Ihre Angst ehrlich und aufrichtig zulassen. Solange Sie sich die Angst wegwünschen oder sich vor ihr fürchten, bleibt die Methode wenig effektiv. Achtsamkeitsübungen jeder Art helfen vorbereitend. Sie können die therapeutische Behandlung festsitzender Ängste aber keinesfalls ersetzen (Tipp 36).

❯Tipp 36

NOTENDISKUSSIONEN LIEBEN LERNEN

82

Meist verlaufen Notendiskussionen mit Schülern unangenehm und enden mit einem Machtwort des Lehrers: „Diskutiert wird nicht!" Da kommt dann schnell der Verdacht der Willkür auf. Die Schulbehörden setzen daher auf eine „transparente Leistungsbeurteilung", die einen solchen entkräftet. So sollen die Schüler die Beurteilung nachvollziehen können und dadurch mehr Einsicht gewinnen. Dabei handelt es sich jedoch um einen Trugschluss. Natürlich steigt die Noteneinsicht nicht mit der technischen Transparenz. Im Gegenteil, je genauer die Notenberechnung ist, desto weniger blicken die Schüler durch.

Auch wenn die allermeisten Schüler im Jahreszeugnis dieselbe Note erhalten, auf der sie schon im Dezember standen, stellt sich die Frage der Gerechtigkeit für sie erst Ende Mai (Tipp 63). Natürlich kann innerhalb von drei Wochen aus einem Befriedigend kein Gut werden. Und ein glattes Genügend wird nun nicht einmal mehr durch demonstratives Nichtstun in eine sehr schlechte Jahresendnote verwandelt. Aber es ist die Zeit im Schuljahr, in der sich die Schüler zu Recht fragen, warum sie gerade diese Note verdienen. Anerkennen Sie dieses Bedürfnis. Die Antwort darauf, also eine Notendiskussion, ist ein wichtiger Teil des Unterrichts. In diesen Gesprächen lernen die Schüler, wie Sie über das Fach, über Leistungsbereitschaft und über sie selbst denken.

❯Tipp 63

Das Bedürfnis der Schüler nach einer gerechten Note anerkennen

Gleich mal ausprobieren

Setzen Sie in einer Klasse ganz offen eine Stunde für die Notendiskussion an.

Diskutieren Sie mit jedem Schüler einzeln seine Note: hart, aber fair. Ihr Ziel sollte es sein, dass der Schüler Ihrem Urteil inhaltlich glaubt, seine Einwände angenommen sieht und Ihnen die Entscheidung letztendlich zugesteht.

Die eigene Stellung als Entscheidungsträger behaupten

Mit einer solchen Vorgehensweise präsentieren Sie Ihre Fach- und Sozialkompetenz. Und Sie behaupten Ihre Stellung als Entscheidungsträger. Diese Diskussionen werden zu einem lebendigen Teil des Jahresablaufs. Es ist gut, wenn die Schüler argumentieren und verhandeln wollen. Sie selbst können durch Verständnis, Argumentation, Kompromissfähigkeit, Abwehr von unbegründeten Argumenten und Aufrechterhaltung eines Gesprächsklimas punkten.

Diskussionsfähigkeit schulen

Das sind Fertigkeiten, die die Schüler von uns lernen sollen. Trotzdem geistert die beschämende Vorstellung durch unsere Köpfe: „Das trauen die sich nur bei mir! Ich will aber als durchsetzungsfähig wahrgenommen werden – vor allem bei den Kollegen!" Geben Sie dieses Ziel nicht auf, fragen

> Tipp 41

Sie sich aber, was genau Sie durchsetzen wollen (Tipp 41): Eine Ziffer? Ist das eigentlich Ihre Note oder die des Schülers? Für welche Art von Gerechtigkeit wollen Sie sorgen? Ist das Argument des Schülers nachvollziehbar? Im besten Fall können Sie für das nächste Schuljahr eine Änderung des Benotungsschemas vereinbaren. Im schlechtesten Fall versuchen die Schüler, bessere Noten herauszuschinden. Dann sehen Sie die Diskussion einfach als Übungsstunde für Ihre Schlagfertigkeit.

SOS-Tipp

> Tipp 35

Für uns Lehrer sind alle Arten von Rhetorikkursen Gold wert (Tipp 35). Sie amortisieren sich im Handumdrehen: weniger Ärger und mehr Erfolgserlebnisse – z.B. bei Notendiskussionen mit den Schülern!

83

Dass es überhaupt so etwas wie Antipathie zwischen einer Klasse und einer Lehrperson gibt, wird nur zu gern unter den Teppich gekehrt. Die didaktische Literatur schlägt zahlreiche Wege vor, was Lehrer zusätzlich tun können, um die Situation wieder ins Lot zu bringen. Dabei ist es doch ganz natürlich, dass die Chemie nicht immer stimmt. Eine Klasse kann für eine Lehrkraft unsympathisch sein, wenn kein Funke überspringt – egal in welche Richtung – und auch kein Wohlwollen spürbar ist. Oft besteht in solch einer Klasse eine Koalition zwischen den faulen und den destruktiven Schülern (anhand einer Klassenaufstellung kann sich die Lehrkraft dessen bewusst werden, Tipp 62). Oder, um es anders zu beschreiben, die Mitte der Klasse orientiert sich an den Uninteressierten. Lahme, aber brave Klassen lassen den Unterricht über sich ergehen. Sie wollen sich mit Ihnen auf ein gutes Klima und sehr leicht erreichbare Lernziele einigen. Demgegenüber zeigt eine unsympathische Klasse gar kein Interesse am Gelingen von Unterricht und dem Lehrer gegenüber kein Entgegenkommen.

❯ Tipp 62

Kein Interesse und Entgegenkommen spürbar

Um die Ecke gedacht

In jeder Firma gibt es Kunden oder Lieferanten, mit denen man eigentlich nichts zu tun haben will. Ein Unternehmen, das es sich leisten kann, verzichtet auf solche Geschäftspartner. So kann die Energie, die der Ärger fräße (oder im Streitfall die Anwalts- und Gerichtskosten), für Wohltuenderes und Ertragreicheres eingesetzt werden. Ist das Unternehmen aber auf jede Klientel angewiesen, dann hilft ein Puffer, z. B. ein Callcenter, das die Kunden auf Distanz hält. Wann haben Sie bei einem Anruf in einem Unternehmen oder einer Behörde das letzte Mal mit dem wirklich zuständigen Sachbearbeiter gesprochen?

In der Schule befinden wir Lehrer uns in einer ähnlichen Situation. Die Klassen werden zusammengewürfelt und wir werden ihnen zugeteilt: eine Zwangsgemeinschaft. Da darf es keinen wundern, wenn es dabei immer wieder zu einem „Mismatch" kommt. In solch einem Fall geht es dann darum, einen professionellen Umgang mit der Situation zu finden und sich möglichst wenig darüber zu ärgern.

Gleich mal ausprobieren

- Setzen Sie in einer unsympathischen Klasse, die dem Gelingen Ihres Unterrichts entgegenarbeitet, Unterrichtsmethoden ein, welche den Kontakt zwischen Ihnen und den Schülern minimieren, wie z. B. Still-, Partner-, Wochenplanarbeit und Abteilungsunterricht.
- Setzen Sie die Leistungsanforderungen sehr gemäßigt an.
- Lassen Sie nie die eigene Antipathie in Respektlosigkeit umschlagen! Seien Sie respektvoll und fordern Sie Respekt ein. Respekt bedeutet hier vor allem Abstand.

Wenn Ihnen die guten Schüler einer solchen Klasse leidtun, denken Sie an den Grund dieser misslichen Situation: Die Schulverwaltungen akzeptieren nicht, dass Menschen einander unsympathisch finden, und stoßen uns in Zwangsgemeinschaften. Diesen Zwang haben die Eltern und Schüler mit dem Schulbesuch „mitgekauft". In einer destruktiven Klasse gelandet zu sein, ist also deren Problem, nicht Ihres

❯ Tipp 26 (Tipp 26).

Achtung!

Nehmen Sie von dem Vorhaben Abstand: „Die werde ich schon wieder auf Trab bringen!" Das führt entweder dazu, dass Sie immer respektloser werden (und die Schüler ebenso) oder dass Sie sehr viel Zeit und Energie für die Klasse aufbringen, ohne entsprechende Ergebnisse zu sehen. Sie sind ein Profi, wenn Sie mit Ihrer eigenen Energie

❯ Tipp 27 (und Ihrer Zeit) haushalten (Tipp 27).

Ebenso unprofessionell ist es, sich den Kopf darüber zu zerbrechen, wie man diese Schüler wieder auf den rechten Weg bringen kann. Dazu gibt es Sozialtherapeuten, Psy-

> Tipp 25

chologen und Mediziner als Fachleute (Tipp 25). Mit unserem Halbwissen lässt sich kein brauchbarer Therapieplan basteln. Widerstehen Sie dieser Versuchung!

Sie sollten sich durch möglichst große Distanz viel Ärger mit einer solch ungünstigen Lehrer-Klasse-Konstellation ersparen. Und schließlich: Oft ändern sich Klassen von allein – warten Sie es ab.

Änderung passiert

SCHWIERIGE SCHÜLER DURCHSCHAUEN

84

Umgang mit
Störern als
erlernbare Technik

In der Lehramtsausbildung gibt es keine Seminarreihe über den Umgang mit schwierigen Schülern. Doch im „wirklichen" Leben sind wir mit ihnen hautnah konfrontiert. Das ist programmierte Überforderung zu Beginn eines Lehrerlebens und hört nie auf, Kräfte zu fressen. Dabei ist auch der Umgang mit Störern in unserem Beruf eine erlernbare Technik. Der Trick besteht darin, durch trial and error schnell die richtige Strategie für den Störer zu finden. Darüber haben sich Individualpsychologen (Dreikurs et al., 1982/2007) schon vor Jahrzehnten den Kopf zerbrochen und gute Werkzeuge erstellt, um die Gründe für das störende Verhalten des Schülers auszuloten. Sie diagnostizierten, dass die folgenden vier Beweggründe fast alle Störungen erklären: Aufmerksamkeitsverlangen, Machtkampf, Rache (auch für Taten anderer) und Selbstisolierung.

Beweggründe für
Störungen im
Unterricht

Jeder Schüler stört den Unterricht auf die Art, die er selbst für die beste Strategie hält, seine Position zu verbessern. Damit tut er eigentlich nichts anderes, als diejenigen Mitschüler, die den Unterricht unterstützen. Auch sie streben nach Anerkennung. Die vom störenden Schüler gewählte Strategie verfehlt allerdings augenscheinlich ihr Ziel. Er erhält nicht die Anerkennung des Lehrers. Allein schafft der betreffende Schüler jedoch keinen Strategiewechsel, dazu braucht er uns Erwachsene. Wir können seinen Antrieb nach Anerkennung und Erfolg nutzen, um eine bessere Strategie anzubieten. Dazu müssen wir aber mit ihm zusammen über seinen Weg zum Erfolg nachdenken.

Um die Ecke gedacht

Gehen Sie davon aus, dass dem störenden Schüler der eigene Antrieb überhaupt nicht bewusst ist. Er braucht Sie, um mehr über sich herauszufinden. Gern akzeptiert er Regeln und die Tatsache, dass Sie u. a. ein disziplinäres Ziel verfolgen, wenn er sich von Ihnen in seinem Drang nach Anerkennung unterstützt fühlt.

Gleich mal ausprobieren

Finden Sie eine passende Gelegenheit, um mit dem Störer zu sprechen.

Stellen Sie unverfängliche und vorwurfslose Fragen zu seinem Beweggrund: „Kann es sein, dass du …?"

Um den Beweggrund schneller herauszufinden, denken Sie an Ihre eigenen Gefühle während einer Störung. Beginnen Sie mit dem dazu passenden Beweggrund:

- Reagierten Sie bei den Störungen genervt, dann kann es sich um Aufmerksamkeitsverlangen handeln:

  „Kann es sein, dass du von mir mehr Aufmerksamkeit willst?/ … es dir wichtig ist, dass ich mehr von deiner Arbeit erfahre?" ▶Tipp 85 (Tipp 85)

- Fühlten Sie sich herabgesetzt, dann kann es um einen Machtkampf gehen:

  „Kann es sein, dass du mehr mitbestimmen willst, was in der Klasse passiert?" (Tipp 86) ▶Tipp 86

- Fühlten Sie sich verletzt, dann steckt vielleicht eine Racheabsicht hinter der Störung:

  „Kann es sein, dass du mich verletzen willst? /… anderen etwas heimzahlen willst?" (Tipp 87) ▶Tipp 87

- Spürten Sie keine Reaktion auf Ihre Handlungen, dann liegt wahrscheinlich Selbstisolation vor:

  „Kann es sein, dass du alleingelassen werden willst?/… ungern auf dem Prüfstand stehst?" (Tipp 88) ▶Tipp 88

> Der Schüler wird zustimmend nicken, wenn sein Beweggrund genannt wird. Fragen Sie so lange, bis Sie eine entsprechende Reaktion erkennen.

Wenn Sie den Beweggrund für die Störung herausgefunden haben, können Sie zielsicher Erziehungsmaßnahmen einsetzen. Seien Sie aber darauf gefasst, dass Sie Fehler machen werden: Sie werden die Störgründe falsch einschätzen, Sie werden Täuschungsmanövern aufsitzen, Sie werden Ihrem Ärger Luft machen müssen. Seien Sie in solchen Situationen tolerant mit sich selbst. Strengen Sie sich nicht an, keine Fehler zu machen. Sie werden Ihre Arbeitsbelastung nur verringern, wenn Sie nicht zu streng mit sich sind.

Das Vorhaben muss nicht gelingen

Achtung!

> Es geht nicht darum, eine psychotherapeutische Diagnose zu erstellen. Überlassen Sie das den Fachkräften. Sie müssen nicht wissenschaftlich belegbar wissen, warum ein Schüler stört – die Gründe können sich ändern bzw. vielfältig sein. Es geht vielmehr darum, schnell ein Erziehungsmittel zu finden, das wirkt (Tipp 28).

❯ Tipp 28

Der Aufwand für diese Methode rentiert sich gegenüber der klassischen autoritären Disziplinierung im Unterricht sehr schnell. Wenn es Ihnen gelingt, eine zum jeweiligen Schüler passende Aktion zu setzen, nimmt das Störverhalten für lange Zeit ab – und Ihre Nerven werden geschont.

Nachhaltiger Erfolg ist Ihnen sicher!

MIT AUFMERKSAMKEITSVERLANGEN UMGEHEN

Schüler, die durch angestrengt häufige Mitarbeit auffallen, rufen nach Bestätigung. Sie wollen ihren Selbstwert mithilfe von Aufmerksamkeit durch die Autoritätsperson verbessern. In der Klasse steht allerdings jedem Einzelnen nur relativ wenig Zuwendung zu.

Die Zuwendung zügeln

Bleiben Sie Ihren Gefühlen treu: Wenn ein Schüler Sie nervt, nehmen Sie ihn bewusst und gleichmütig nicht öfter dran als andere. Zügeln Sie Ihre Zuwendung im laufenden Unterricht. Unternimmt der Schüler immer dreistere Versuche, Ihre Aufmerksamkeit zu erlangen, haben Sie es mit überhöhtem Aufmerksamkeitsverlangen zu tun. Zu erwarten wäre nämlich, dass er sich auf den von Ihnen vorgegebenen größeren Abstand einstellt und gut damit leben kann.

Gleich mal ausprobieren

Besprechen Sie mit dem Schüler sein Problem:
- Stellen Sie eine Regel auf, wie oft Sie ihn pro Stunde maximal aufrufen werden.
- Vereinbaren Sie nonverbale Zeichen der Wertschätzung.
- Sprechen Sie Ihr Vertrauen aus, dass der Schüler sein Verhalten ändern wird.

In schwereren Fällen fühlt sich der Schüler durch ein solches Gespräch vor den Kopf gestoßen und droht mit Gegnerschaft. Vielleicht verlieren Sie dadurch für einige Zeit eine aktive Stütze Ihres Unterrichts. Doch je eher der Schüler eine erfolgreiche Strategie findet, sein Selbstbewusstsein aufzubessern, desto schmerzfreier wird dieser Prozess für ihn verlaufen. Zudem wird damit auch Platz für andere Schüler geschaffen.

86

Manche Unterrichtsstörungen haben den Beigeschmack der Überheblichkeit: Der Schüler tut sich immer wieder dadurch hervor, dass er Ihre Anweisungen in Zweifel zieht. Wenn Sie sich dabei herabgesetzt fühlen, dann zielt der Schüler auf einen Machtkampf ab.

Achtung!

Nehmen Sie einen solchen Machtkampf niemals an, der Ausgang steht von Beginn an fest: Sie verlieren. Niemals werden Sie zu Mitteln greifen, die ein für seine Anerkennung kämpfender Schüler einzusetzen bereit ist. Es ist von Anfang an ein ungleicher Kampf.

Denken Sie eher daran, dass der Schüler diese Strategie wählt, um mehr Anerkennung in der Schule zu erlangen. Dass die Strategie nicht von Erfolg gekrönt sein wird, ist Ihnen klar – aber dem Schüler nicht.

Gleich mal ausprobieren

- Sagen Sie dem Schüler, dass seine Strategie nicht aufgehen wird.
- Bieten Sie ihm mehr Mitsprache bei Stoffauswahl und Lernformen an.
- Verweigern Sie Sanktionen: „Ich kann dich zu nichts zwingen. Du entscheidest, wie und wann du mitarbeitest."

Wenn der Schüler merkt, dass Sie den Machtkampf auf keinen Fall eingehen werden, wird er sich nach anderen Strategien umsehen. Nehmen Sie seine Bedürfnisse ernst und beraten Sie ihn, wie er seinen Drang nach mehr Macht konstruktiv in der Klasse umsetzen kann (Tipp 69).

❯Tipp 69

87

❯ Tipp 81

Es kommt vor, dass ein Schüler Sie mit seinem Störverhalten verletzen will. Intuitiv weiß er, wo man Sie treffen kann (Tipp 81), weil er eventuell schon des Öfteren für ähnliches Verhalten entsprechende Zurückweisungen von Ihnen erhalten hat. Schlagen Sie dem betreffenden Schüler eine Strategieänderung vor.

Gleich mal ausprobieren

- Vereinbaren Sie anhand einer Ich-Botschaft ein Gespräch („Das hat mich verletzt. Wir müssen darüber am Ende der Stunde reden").
- Verlangen Sie in diesem Gespräch, in Zukunft vom Schüler gut behandelt zu werden.
- Loben Sie Fähigkeiten des Schülers, die er in Zukunft verstärken soll.

Mehr Gewissheit geben

Sehr wahrscheinlich versucht sich der Schüler an Ihnen für eine Verletzung zu rächen, für die er sich beim Täter nicht rächen kann. Lehrer eignen sich gut als Ersatz, weil sie gemäßigt bis nachsichtig reagieren. Doch ist dem Schüler mit Nachsicht genauso wenig geholfen wie mit Strafe. Diese Schüler brauchen mehr Gewissheit, dass sie nicht wieder verletzt werden, und gleichzeitig Regeln, für deren Einhaltung sie ihre Wut konstruktiv einsetzen können.

Achtung!

Aus seinem Verhalten in der Klasse können Sie keine ernsthaften Rückschlüsse auf die psychische Verfassung des Schülers ziehen. Sie hoffen einfach, mit der Schnellanalyse einen Hinweis auf wirksame Erziehungsmittel zu erhalten. Es ist wie bei dem bekannten Gesellschaftsspiel: Zu Anfang kann man nicht wissen, wo die passenden Kärtchen liegen.

88

Manche Schüler haben aufgegeben. Es fehlt ihnen der Mut für einen neuen Versuch, Anerkennung zu erhalten. Zu schwer tragen sie an all den vorausgegangenen Fehlschlägen. Deshalb reagieren sie auch auf gut gemeinte Aufforderungen mit demonstrativer Passivität. In Gruppenarbeiten scheuen sie den Austausch, erledigen Arbeitsaufträge jedoch meist zuverlässig.

Als Lehrer kann man an der Reaktionslosigkeit eines solchen Schülers verzweifeln. Je mehr Druck man ausübt, desto tiefer steckt dieser den Kopf in den Sand. Man ist geneigt, ihn in seiner Passivität gewähren zu lassen, was allerdings manche Klassen ausnutzen: Sie nehmen an, dies sei eine gute Strategie, den Leistungsdruck abzuschütteln, und imitieren die Vogel-Strauß-Taktik kollektiv. Dadurch kann die Selbstisolation eines Einzelnen für den Lehrer sehr unangenehm werden.

Schüler, die anscheinend aufgegeben haben, brauchen kein Mitleid, sondern konstanten Zuspruch ohne Druck. Sie glauben, dass Rückzug eine gute Strategie ist, Enttäuschungen aus dem Weg zu gehen. Aber Sie wissen es besser: Das Gegenmittel sind Risiko und Erfolg.

Konstanter Zuspruch ohne Druck

Gleich mal ausprobieren

- Setzen Sie sich im Unterricht zum betreffenden Schüler.
- Schauen Sie sich seine Arbeit ruhig an.
- Sagen Sie dem Schüler, dass Sie seine Arbeit schätzen.
- Warten Sie nur kurz auf eine Reaktion und verlassen Sie den Platz dann wieder.
- Vermeiden Sie dem betreffenden Schüler gegenüber jede Kritik oder Erwartungshaltung.

Auch wenn der selbstisolierte Schüler Sie nicht ansieht, beobachtet er Sie doch intensiv. Dabei will er herausfinden, ob man Ihnen trauen kann. Taktisches Lob wird nicht funktionieren, denn er will so akzeptiert werden, wie er nun einmal ist. Vielleicht ist der Schüler mit sich selbst viel zu streng

Taktisches Lob funktioniert nicht

und sucht eine Person, die seine Fehler akzeptiert. Zeigen Sie Gelassenheit und Zuversicht und vermitteln Sie ihm auf diese Weise: Alles wird gut!

Achtung!

> Tipp 28

Es ist nicht Ihre Aufgabe, die Schüler zu ändern oder seelisch zu heilen (Tipp 28). Ersetzen Sie daher herkömmliche Disziplinierungsmittel, die anstrengen und Ihre Zufriedenheit senken, durch die hier beschriebenen Strategiewechselangebote. Damit können Sie die Energie der Schüler in konstruktivere Bahnen lenken und ersparen sich viel Ärger.

89 DIE STÖRSTUNDE

Störfaktor Nummer eins sind Sie!

Wird der Unterricht gestört, kommt beim Lehrer das Gefühl auf, dass die Schüler ihm etwas Schlechtes wollen. Aber genauso, wie man nicht nicht kommunizieren kann, gibt es auch keinen störungsfreien Unterricht. Bedenken Sie: Störfaktor Nummer eins sind Sie selbst! Sie beenden die Pause, reißen einige aus Tagträumen, bringen andere in unbequeme Situationen usw. Sicher geschieht das nur zum Besten der Schüler – aber auch die Schüler stören Ihren Unterricht nur zu Ihrem Besten: damit Sie Ihr Tempo anpassen, auf die Interessen der Schüler mehr Rücksicht nehmen oder sie einfach mehr in den Mittelpunkt der Stunde stellen.

Störungen sind Hinweise

Gleich mal ausprobieren

Beschweren Sie sich bei der Klasse, dass Sie vor lauter Störungen nicht mit dem Stoff durchkommen, und vereinbaren Sie ein Der-Lehrer-stört-die-Schüler-Rollenspiel:
Sie spielen den Störer, die Schüler die Lerneifrigen.
Geben Sie in der Störstunde einen Lernauftrag. Stellen Sie in Aussicht, dass es am Ende der Stunde eine schriftliche Lernkontrolle geben wird (Tipp 6).

> Tipp 6

> Dann kann es losgehen: Stören Sie, so gut Sie können. Verwickeln Sie einzelne Schüler in Gespräche, zeigen Sie einen Film, schalten Sie das Licht aus, stehlen Sie Unterlagen usw.
> Ahmen Sie für die Klasse typische Störungen nach. Tolerieren Sie auch, wenn Ihre typischen Ermahnungen von den Schülern imitiert werden.

In dieser Stunde können Sie Störungen unter Wahrung des Respekts nachspielen. Solch ein Rollenspiel lockert und entlastet – die Störungen der Schüler und Ihre Ermahnungen werden Sie in den nächsten Stunden nicht mehr so sehr ärgern.

Störungen nachspielen

STÖRERN PAROLI BIETEN

90

Wenn der Ärger schon hochgekommen ist und Sie nur noch unflätig schimpfen könnten, dann hilft „positiv Ankern".

Gleich mal ausprobieren
> Irgendetwas wird auch der Störer gut können. Finden Sie eine solche positive Eigenschaft bei ihm.
> Haben Sie eine gefunden, dann geben Sie ihm eine dazu passende Aufgabe. Diese muss nichts mit dem aktuellen Unterrichtsstoff zu tun haben. Es kann sich auch um organisatorische oder körperliche Tätigkeiten handeln.

Der springende Punkt dabei ist: Sie erleben mit, dass der Störer etwas zustande bringt. Loben Sie ihn dafür. Sie erlauben sich selbst damit eine Gesprächsebene, die Ihnen den kühlen Kopf zurückgibt (Tipp 81).
Sie tun sich leichter, wenn Sie sich zudem in Schlagfertigkeit üben. Damit können Sie den Störer auf Distanz halten. Zudem hilft Schlagfertigkeit auch bei kleinen Diskussionen zwischendurch oder auf dem Gang. Schließlich kommunizieren Sie täglich mit sehr vielen Menschen. Da ist es schon angebracht, sich auf Angriffe gut vorzubereiten (Tipp 35).

Lob erhält die Gesprächsebene

❯ Tipp 81

❯ Tipp 35

91

Der Ärger im Klassenzimmer kann sich im Lehrerzimmer fortsetzen. Da gibt es Kollegen, die man eigentlich nicht näher kennenlernen will, gegen die man schon von Vornherein etwas hat, mit denen man sicher nicht zusammenarbeiten möchte.

Mit einigem Glück müssen Sie mit einem solchen „Anti-Kollegen" auch nicht eng kooperieren. Trotzdem würden Sie sich freier fühlen, wenn Sie das Gefühl hätten, es zur Not doch irgendwie zu können – wenn es denn sein müsste (Tipp 67). Finden Sie daher, um Ihrer eigenen Freiheit willen, einen Zugang zu Ihrem „Anti". Sie werden mit ihm nicht unmittelbar im Team arbeiten wollen. Aber wie wäre es, wenn es ein, zwei „Kanäle" gäbe, auf denen Sie unbekümmert mit ihm reden könnten? Gerade wenn Sie nicht wirklich wissen, warum er Ihr „Anti" ist, kann die Methode des Umbewertens (nach Helmke, 2004) Sie zu einem professionellen Umgang führen.

> ❯ Tipp 67

> Den „Anti" umbewerten

Gleich mal ausprobieren

- Bewerten Sie Ihren „Anti" einmal ganz bewusst und mit all Ihren Vorurteilen.
- Machen Sie sich diesbezüglich Ihre eigenen Gefühle bewusst.
- Überlegen Sie, was Sie am liebsten tun würden (Gemeinheiten sind durchaus erlaubt).
- Dann wechseln Sie den Fokus und suchen liebenswerte Aspekte an der betreffenden Person. Strengen Sie sich an: Jeder Mensch hat etwas, was Sie an ihm mögen.
- Hören Sie auf Ihre Gefühle und machen Sie sich diese zu dem liebenswerten Aspekt bewusst.
- Dann überlegen Sie aus dieser Perspektive, was Sie am liebsten tun würden.

Nun haben Sie es in der Hand, es weiterhin beim kühlen Klima gegenüber dem betreffenden Kollegen zu belassen oder vielleicht mit einer netten, wertschätzenden Bemerkung eine schmale Brücke zu ihm zu bauen.

Teamarbeit darf nicht als so eng und persönlich verstanden werden, wie es die Organisationsentwickler mit ihren Outdoor-Teamübungen oft suggerieren. Es geht nicht darum, blindes Vertrauen zueinander zu gewinnen, sondern in einem zivilisierten Dialog mit anders „tickenden" Kollegen zu stehen. Sich dabei unsympathische Kollegen auf Distanz zu halten, ist ebenso ein Ausdruck von Teamfähigkeit wie mit diesen trotzdem eine Gesprächsbasis zu pflegen.

Abstandhalten ist auch ein Ausdruck von Teamfähigkeit

Ein bisschen Engagement lohnt sich jedoch: Jeder „Anti" weniger im Lehrerzimmer spart Ihnen Nerven und macht Ihren Schulalltag weniger anstrengend.

ELTERNPFLICHTEN VEREINBAREN

92

Mit der Pubertät verlagert sich die Bindungsbereitschaft der jungen Menschen weg von den Eltern hin zu Gleichaltrigen. Den Jugendlichen selbst ist dieser Wandel meist nicht bewusst. Sie äußern jedoch immer häufiger, wie unzureichend die Eltern seien. Damit wird es für die Erwachsenen schwerer, Regeln durchzusetzen. Und sie leiden auch darunter, dass sich ihre Kinder von ihnen abwenden. Trotz Kratzbürstigkeit verschwindet das Bedürfnis der Jugendlichen nach einer gelungenen Beziehung zu Eltern und Lehrern jedoch nicht. Wir können uns daher nicht aus der Verantwortung stehlen. Für den Schulerfolg der Kinder braucht es weiterhin die aktive Unterstützung der Eltern. Anstatt sich jedoch über deren Untätigkeit oder Hilflosigkeit zu ärgern, sollten Sie Ihre Erwartungen an die Eltern bei jedem Elternabend offen deklarieren.

Erwartungen an die Eltern offen formulieren

Gleich mal ausprobieren

Diskutieren Sie mit den Eltern einen Vertrag über konkrete Erziehungsaufgaben. Die Eltern verpflichten sich darin
- ihrem Kind jeden Tag ein Frühstück zuzubereiten;
- mit ihrem Kind an jedem Schultag zu besprechen, wie es ihm in der Schule ergeht;

- ihrem Kind für seine Anstrengungen Wertschätzung entgegenzubringen;
- ihrem Kind Bildschirmkonsum vor der Schule zu verbieten. Der tägliche Bildschirmkonsum (Summe aus Hausaufgaben, TV, Internet, Spielkonsolen, Smartphone usw.) des Kindes wird auf ein Minimum beschränkt;
- von ihrem Kind zu erfragen, was es aus den Medien (Zeitungen, Webseiten, Sozialplattformen, Handys anderer usw.) erfährt und dort selbst veröffentlicht (postet);
- ihrem Kind jeden Tag mindestens sieben Stunden Schlaf zu gönnen;
- bei Fragen und Problemen mit den Lehrern Kontakt aufzunehmen (Tipp 94) und alle Elternabende zu besuchen.

❯Tipp 94

Einerseits sind Eltern, die nicht wissen, was sie zum Schulerfolg ihrer Kinder beitragen können, für Richtlinien dankbar. Andererseits wird durch die Auflistung der Erziehungsaufgaben Last von Ihren Schultern genommen. Die Eltern wissen nun, dass sie gegenüber ihren pubertierenden Kindern weiterhin erzieherische Pflichten haben, die über das Leben im gemeinsamen Haushalt hinausgehen.

Um die Ecke gedacht

Damit sich der Vertrag auf Akzeptanz stützen kann, ist eine kurze, aber offene Diskussion darüber am Elternabend sehr wichtig. Sie können die Regeln auch durch die Eltern selbst aufstellen lassen. Oder die Eltern wählen die drei wichtigsten Regeln aus, die dann in die Vereinbarung kommen. Der Vertrag muss nicht vollständig sein. Er soll den Eltern aber klarmachen, dass sie Ihnen als Lehrer Erziehungsanstrengungen schulden.

93

Ärger mit Eltern kennt jeder Lehrer. Selten findet sich eine konstruktive Lösung, meist können die handelnden Personen einfach nicht aus ihrer Haut. Sie kennen sicher einige Schüler, die es zu Hause sehr schwer haben. Als Sie deren Eltern kennenlernten, wurde Ihnen klar, warum. Und aus nachlässigen Erziehungsberechtigten werden keine Vorzeigeeltern, so sehr wir uns das auch wünschen.

In solchen Fällen ist es meist erfolglos, mit den Eltern anhand von Mitteilungen Kontakt aufzunehmen und dadurch eine Veränderung herbeizuführen („Ihr Kind macht keine Hausaufgaben", „Ihr Kind kommt ständig zu spät"). Ein Teil des Misserfolgs rührt aber auch von unserer Seite: Wir ahnen – aus Erfahrung – schon sehr genau, was bei dem Schüler zu Hause schiefläuft. Diese Vorahnung wird in kurzen Gesprächen am Sprechtag oder in Telefonaten zum unterschwelligen Vorwurf an die Eltern. Damit sehen sich die Eltern in der Verteidigungsrolle, zücken einen ihrer Vorwürfe gegenüber Lehrern und das eigentliche Ziel, eine Verbesserung herbeizuführen, geht unter. Nach dem Gespräch bleibt bei allen ein schaler Nachgeschmack, die Fronten sind verhärtet.

Erfahrung wird zum Vorwurf

Gleich mal ausprobieren

Der Ärger über Eltern ist eine zusätzliche Belastung, die Sie vermeiden können und sollten. Sehen Sie sich zunächst die folgende Liste von gängigen Vorwürfen unsererseits gegenüber Eltern an:

„Die Eltern kommen ihren Erziehungsaufgaben nicht nach."

„Den Eltern ist es egal, was in der Schule passiert."

„Wenn etwas schiefläuft, ist immer die Schule schuld."

„Die Eltern kommen nur in die Sprechstunde, um sich zu beschweren."

„Eltern glauben stets, dass ihre Kinder gut sind und sich richtig verhalten."

„Eltern überfordern heutzutage ihre Kinder. Sie sehen nicht, wie die Kinder unter dem Druck leiden."

Sie finden sicherlich zu jedem Vorwurf ein Beispiel aus Ihrem Schulalltag. Fehlen wichtige Vorwürfe?

Nun sehen Sie sich die Vorwürfe der Eltern an:
„Lehrer interessieren sich nicht für ihren Job."
„Das Wohl unseres Kindes ist den Lehrern egal."
„Die schlechte Note kommt daher, dass der Lehrer mein Kind nicht mag."
„Wäre der Lehrer engagierter, hätte mein Kind mehr Spaß am Unterricht."
„Die Lehrer sollen nicht immer nur Stoff durchnehmen, sondern auch die Kinder erziehen."
„Lehrern gegenüber muss man immer höflich sein, weil es mein Kind in der Schule sonst noch schwerer hat."

Sehen Sie, wie schnell ein konkreter Vorwurf auf der anderen Seite als plattes Vorurteil ankommen kann? Keiner von uns ist frei von Vorurteilen. Zu beobachten, wie bestimmte Eltern in ihren Vorurteilen gefangen sind, sollte Sie daher milde stimmen. Es hat nichts mit Ihnen zu tun und ist nur allzu menschlich. Diese Gedanken sollten Ihnen genügend Luft geben, um unkooperativen Eltern arglos zu begegnen.

Denken Sie daran, dass Eltern von ihrem Erziehungsstil mindestens genauso überzeugt sind wie Sie von Ihrem Verbesserungsvorschlag. Gestehen Sie ihnen das Recht auf Verweigerung der Zusammenarbeit zu. Je realistischer Sie die Situation einschätzen, desto mehr Ärger ersparen Sie sich. Respekt bedeutet manchmal einfach Abstand (Tipp 2).

> Tipp 2

DAS WOHLFÜHL-ELTERNGESPRÄCH

94

Tun Sie alles, um am Ende eines Elterngesprächs ein gutes Gefühl zu haben. Nutzen Sie das Gespräch, um mehr über den betreffenden Schüler und seine Eltern herauszufinden. Mit dem im Folgenden vorgeschlagenen Ablauf halten Sie den Ärger fern.

Gleich mal ausprobieren

- Beginnen Sie mit einem Lob des Schülers. Beschreiben Sie, was er gut kann. Überfliegen Sie vor dem Gespräch Ihre diesbezüglichen Notizen (**Tipp 60**).

❯Tipp 60

- Fragen Sie die Eltern nach den Stärken und Erfolgen ihres Kindes. Jetzt erfahren Sie, wie die Eltern zu ihrem Kind und dessen Leistungen in der Schule stehen. Sie merken auch, ob ein konstruktives Gespräch möglich ist oder die Eltern voller Vorurteile sind. Lassen Sie die Eltern reden. Fragen Sie nach.
- Dann erst teilen Sie ohne Kommentar den aktuellen Notenstand mit und warten.
  Wenn Fragen zur Leistung kommen, beantworten Sie diese kurz und bündig.
  Wenn keine Fragen kommen, sehen Sie Ihre Arbeit als zufriedenstellend und abgeschlossen an.
- Danken Sie für das Gespräch und verabschieden Sie sich.

Indem Sie das Gespräch in der Sprechstunde mit einem Lob und einer Einschätzung der Stärken des Schülers beginnen, laden Sie zu einem konstruktiven Gespräch ein. Sobald Sie die Eltern auffordern, etwas Gutes über ihr Kind zu erzählen, zwingen Sie sie zu einem Perspektivenwechsel. Innerlich fragen sich die Eltern dann: Wie geht es meinem Kind eigentlich mit der Schule? Sie sehen sich dann nicht mehr in Opposition zu Ihnen. Das Gespräch erhält somit eine positive Grundstimmung.

Eine positive Grundstimmung schaffen

Achtung!

Versuchen Sie auf keinen Fall, etwas zu erklären oder zu rechtfertigen, was von den Eltern nicht infrage gestellt wird. Versuchen Sie auch nicht, ein Einverständnis oder gar eine aktive Zustimmung vonseiten der Eltern zu erreichen. „Amateure" können Sie als Profi nicht qualifiziert beurteilen (Tipp 29).

❯Tipp 29

SOS-Tipp

Gehen die Eltern nicht auf das Gespräch ein, belassen Sie es bei einer sachlichen Information und bieten ein Ende der Unterhaltung an. So bedauerlich auch eine solche störrische Haltung ist, es ist nicht die Ihre. Vielleicht brauchen die Eltern noch einige Tage Zeit, bis sie sich die entscheidenden Fragen stellen. Sie werden sich dann sicherlich wieder melden. Im schlechtesten Fall bleiben sie zur Schule negativ eingestellt. Dann aber haben Sie mit Geschick eine sinnlose und ärgerliche Auseinandersetzung vermieden und zudem Ihre Arbeitsbelastung aktiv reduziert (Tipp 2).

> Tipp 2

LEHRERBASHER STOPPEN

95

Sie sitzen bei einer Feier mit anderen Ihnen unbekannten Gästen an einem Tisch. Im Gespräch werden die Hobbys und Berufe ausgetauscht. Auf Ihren Beruf reagiert eine Person mit: „Wie gern hätte ich auch einmal sechs Wochen Urlaub am Stück!" Sofort spüren Sie, dass Ihr Status in der Runde auf dem Spiel steht. Sie sind am Zug. Wie behaupten Sie sich? Sie können natürlich mit Erklärungen um Verständnis werben (Tipp 29). Oder sind Sie gar solcher Anwürfe müde und stecken den Angriff wortlos weg? Sie müssen jedenfalls immer und überall damit rechnen, dass selbst oberflächliche Kontakte zu anstrengenden Kämpfen um Ihr Ansehen werden.

> Tipp 29

Die meisten Menschen glauben, dass sie, allein weil sie als Schüler acht bis zwölf Jahre in der Schule verbracht haben, etwas Fundiertes über unseren Beruf sagen können. Als hätten Sie all diese Jahre ihre Lehrer wie ein Schulinspektor beobachtet und wären nicht mit dem eigenen Heranwachsen mehr als ausgelastet gewesen. Wenn ein solch überheblicher Mensch durch reißerische Medienberichte und einstmalige Schwierigkeiten mit seinen Lehrern angetrieben die

Manche wollen austeilen

Höflichkeit gegenüber unserem Berufsstand hintanstellt, haben Sie es mit einem typischen Lehrerbasher zu tun. Es lässt sich nicht vermeiden, dass Sie immer wieder auf solche Leute treffen. Deshalb spart es Nerven, sich für solche Situationen vorab schlagfertige Antworten zurechtzulegen.

Gleich mal ausprobieren

Versuchen Sie erst gar nicht, Ihre Arbeitssituation zu erklären. Der Lehrerbasher sucht sich einfach einen beliebigen Haken, an dem er seine Angriffe aufhängen kann. Je mehr Sie erklären, desto mehr wird er Ihre Aussagen für seine Angriffe nutzen. Behaupten Sie sich!

Sie werden in solchen Gesprächen den Sieg davontragen, wenn Sie schlagfertig kontern. Zeigen Sie, dass Sie den aggressiven Teil der Aussage verstehen und bei einem Schlagabtausch nicht so leicht unterzukriegen sind. Ein witziger Konter Ihrerseits kann das Schulthema humorvoll beenden, bevor es anstrengend für Sie wird.

Kampfbereitschaft signalisieren

Die Lehrerbasher haben drei Angriffspunkte im Visier: unsere Ferienzeiten, unsere freie Zeiteinteilung außerhalb des Stundenplans und die relative Sicherheit unserer Anstellung. Um gewandt auf diese Angriffe reagieren zu können, sollten Sie sich einige Standardantworten einprägen. Eine Liste möglicher Anwürfe und Entgegnungen soll Ihnen dabei helfen (Tipp 96–99). Lernen Sie die Antworten auswendig und üben Sie sie mit Kollegen. Üben Sie auch eine überzeugende Körpersprache ein, damit Sie den Basher schnell und wirksam stoppen können.

❯ Tipp 96–99

Natürlich ist es unangenehm, jemanden brüsk abzuweisen. Vielleicht ist der Konter aggressiver, als die Bemerkung gemeint war, und wirkt trotzig. Vertrauen Sie auf Ihr Bauchgefühl: Es trügt nicht. Denken Sie auch daran, dass Erwachsene wesentlich mehr an Zurückweisung vertragen als Kinder. Ihre Gesprächspartner kommen schon darüber hinweg. Vor allem merken sie sich, dass sie bei Ihnen mit Höflichkeit mehr erreichen als mit Vorurteilen.

Ihr Gegenüber verträgt eine Zurückweisung

96

Wie gern hätte ich auch einmal sechs Wochen Urlaub am Stück!
- Da halte ich Ihnen mal ganz fest die Daumen.
- Ich bin ganz sicher, Ihr Chef kann Sie auch mal länger entbehren.
- Hätten Sie nur Ihren Gewerkschaftsbeitrag bezahlt.
- Da wird Ihnen fad. Es gibt nämlich nur wenige Pauschalreisen, die so lange dauern.

Es ist wirklich schwer, die Kinder im Sommer gut unterzubringen.
- Das stimmt. Eine Auswertung der PISA-Studie ergab, dass Lehrerkinder wesentlich besser abschneiden, als die, die den Sommer im Ferienlager verbringen müssen.
- Machen Sie sich keinen Kopf, schicken Sie die Kinder auf eines dieser Ferienlager.

Müssen Sie sich eigentlich auch in den Ferien vorbereiten und für die kommenden Wochen arbeiten?
- Ja, sicher. Der Kaffeevorrat will wohlüberlegt aufgefüllt werden.
- Klar, die nächsten Ferien gehören schließlich gut vorbereitet.
- Na, das ist ja eine originelle Frage. Was ich schon immer mal von Ihnen wissen wollte: Ziehen Sie den linken oder den rechten Schuh zuerst an?

SCHLAGFERTIGES ZUM BEAMTENTUM

97

Stimmt es, dass in den letzten zehn Jahren kein Lehrer gefeuert wurde?
- Nein. Erst letzten Silvester wurde ein Lehrer mit Brandverletzungen eingeliefert.
- Richtig. Haben Sie sich gut gemerkt.

Unser Geschichtslehrer hat jeder Klasse aus seinen abgegriffenen Zetteln immer dasselbe vorgelesen.
- Ein vorbildliches Beispiel für Effizienz am Arbeitsplatz.
- Und wie oft mussten Sie es hören, um es zu verstehen?
- Das war doch kein so schlechter Lehrer. Immerhin wussten Sie genau, worum es ging, als Sie denselben Stoff ein Jahr später wieder hörten.

SCHLAGFERTIGES ZU IHREM STATUS

98

Lehrer sein ist für die Gesellschaft ein so wichtiger Beruf!
- Das finde ich auch. Ich bin übrigens gerade auf dem Weg ins Kanzleramt.
- Ja, RedBull bemüht sich ständig um Werbeflächen an unserer Kleidung.
- Lieber voll dabei, anstatt nur auf der Zuschauertribüne.

Die Jugend ist heute viel schwieriger als früher, oder?
- Ja, ich bin so fertig, dass meine Schüler bereits für meinen nächsten Kuraufenthalt sammeln.
- Passen Sie auf! So eine Meinung ist ein untrügliches Zeichen für einen fortgeschrittenen Alterungsprozess.

SCHLAGFERTIGES ZUM „HALBTAGSJOB"

99

Bei Ihrem Beruf müssen Sie ja Ihre Kinder nicht in den Hort geben.
- Ja, deshalb wurden wir als „Eltern des Jahres" nominiert.
- Glauben Sie, meine Kinder hätten sonst eine Chance auf den ersten Preis bei der Mathematik-Olympiade?
- Da bin ich froh: PISA hat gezeigt, dass Lehrerkinder besser abschneiden als der Rest.
- Ohne die Lehrerkinder, die nicht in den Hort müssen, würden wir bei PISA voll abstürzen.

Ich habe mir nach der Elternzeit auch überlegt, einen Halbtagsjob anzunehmen.

- Ich verstehe. Es gibt noch immer das Vorurteil, dass Halbtagsjobs nur etwas für Unqualifizierte sind.
- Dann kommt Lehrer ohnehin nicht infrage: Wenn ich nicht ständig die Eltern meiner Schüler anriefe, hätte ich eigentlich gar nichts mehr zu tun.
- Seien Sie froh: Einen halben Tag arbeiten und die restliche Woche so tun, als ob, kann echt nerven.

Die Freundin eines Bekannten sitzt immer am späten Abend an Korrekturen. Dafür kann sie den Nachmittag mit ihren Kindern verbringen.

- Die Arme. Naja, es gibt noch ein paar wenige Lehrer, die wirklich korrigieren.
- Besser, als im Büro auf die Uhr und am Abend in die Glotze zu starren.
- Die Kinder müssen noch klein sein. Meine Kinder erledigen meine Korrekturarbeit am Nachmittag. Den Abend halte ich mir für Theater- und Konzertbesuche frei.

(Die Verweise beziehen sich auf die jeweiligen Tipp-Nummern.)

Altrichter, Herbert/Posch, Peter (2006): Lehrerinnen und Lehrer erforschen ihren Unterricht. Julius Klinkhardt: Bad Heilbrunn.

Bauer, Joachim (2008): Lob der Schule. Sieben Perspektiven für Schüler, Lehrer und Eltern. Heyne Verlag: München.

Becker, Georg E. (2007): Unterricht durchführen. Handlungsorientierte Didaktik, Teil II. Beltz: Weinheim und Basel.

Bittner, Barbara (2004): Mut tut gut. Eine Ermutigung für Lehrer. Care-Line Verlag: Neuried.

Dreikurs, Rudolf/Grunwald, Bernice/Pepper, Floy (2007): Lehrer und Schüler lösen Disziplinprobleme. Beltz: Weinheim und Basel.

Grell, Jochen und Monika (2010): Unterrichtsrezepte. Beltz: Weinheim und Basel.

Helmke, Andreas (2008): Unterrichtsqualität – erfassen, bewerten, verbessern. Kallmeyersche Verlagsbuchhandlung: Seelze.

Hergovich, Doris/Mitschka, Ruth/Valtingojer, Markus (2008): Macht leben. Ein Begleiter für demokratische Lernprozesse durch das Schuljahr. Arbeiterkammer Wien: Wien.

Hillert, Andreas (2004): Das Anti-Burnout-Buch für Lehrer. Kösel Verlag: München.

Hurrelmann, Klaus (2009): Lebensphase Jugend. Juventa: München.

Jackson, Robyn R. (2010): Arbeiten Sie nie härter als Ihre Schüler – und die sechs anderen Prinzipien guten Unterrichts. Beltz: Weinheim und Basel.

Klement, Karl (2009): Beobachten lernen – Begabungen entdecken. LIT Verlag: Wien und Berlin.

Klippert, Heinz (2007): Lehrerentlastung. Strategien zur wirksamen Arbeitserleichterung in Schule und Unterricht. Beltz: Weinheim und Basel.

Knauder, Hannelore (2005): Burn-out im Lehrberuf. Leykam: Graz.

Konrad, Klaus/Traub, Silke (2010): Kooperatives Lernen. Schneider Verlag: Hohengehren.

Kretschmann, Rudolf (2008) (Hrsg.): Stressmanagement für Lehrerinnen und Lehrer. Beltz: Weinheim und Basel.

Lanig, Jonas (2004): Gegen Chaos und Disziplinschwierigkeiten. Eigenverantwortung in der Klasse fördern. Verlag an der Ruhr: Mülheim an der Ruhr.

Meyer, Hilbert (2004): Was ist guter Unterricht? Cornelsen Scriptor: Berlin.

Peterßen, Wilhelm (2008): Kleines Methoden-Lexikon. Oldenbourg Schulbuchverlag: München.

Pöhm, Matthias (2005): Nicht auf den Mund gefallen! So werden Sie schlagfertig und erfolgreicher. Goldmann: München.

Schaarschmidt, Uwe (2005) (Hrsg.): Halbtagsjobber? Psychische Gesundheit im Lehrerberuf – Analyse eines veränderungsbedürftigen Zustandes. Beltz Wissenschaft, Deutscher Studienverlag: Weinheim und Basel.

Schmidt, Peter (2002): Stehen Sie drüber! Sich sekundenschnell von negativen Gefühlen befreien. mvg: München.

Vopel, Klaus (2008): Power-Pausen. Iskopress: Salzhausen.